金融恐慌と
ユダヤ・キリスト教

島田裕巳

文春新書

727

金融恐慌とユダヤ・キリスト教＊目次

はじめに

クローズアップされる経済

経済という現象が、これほど重視され、注目されるようになったのは、実は最近のことではないだろうか。

もちろん経済は、はるか昔から重要な事柄で、決して無視されてきたわけでもなければ、注目を集めなかったわけでもない。しかし、かつては、政治の方が経済よりも大きな注目を集める場面が少なくなかった。それは、国内外を問わず、共通に言えることだった。

政治と経済は、私たちの社会生活に多大な影響を与えている。政治がどう変わるか、経済がどう変化するかで、私たちの日常の暮らしも影響を受ける。新聞でも、政治面や経済面はその中心にあって、多くの頁数が割かれ、取材も盛んに行われている。

その点で、政治と経済という領域は、ともに社会現象の根幹に位置する最重要事項であるわけだが、時代を遡れば遡るほど、経済よりも外交を含めた政治の方が脚光を浴びることが多かった。

国内で考えても、外交は極めて重要視され、とくにアメリカとの関係は、激しい議論が巻き起こる重大な課題だった。日本は、第二次世界大戦においてアメリカに敗れ、一時は、駐留軍に占領されるという事態を経験した。その後も、両国のあいだには日米安保条約が結ばれ、軍事的にも密接な関係をもつことになった。日本の各地には米軍基地が作られ、日本はアメリカの核の傘の下に入った。

この時代には、東西の冷戦構造が確立されアメリカを中心とした自由主義の国々と、ソ連を中心とした社会主義の国々が相対峙する状況が続いた。両陣営のあいだには軍事的な緊張状態が続き、ときには戦争の危機が訪れたり、局地戦争や代理戦争が勃発した。

そうした状況のなかで、日本はどのように外交を進めていくのか。アメリカの同盟国として、社会主義の国々とどのような関係を結ぶかについては、領土問題を含め、課題は山積しており、韓国や北朝鮮との関係も難題の一つだった。

冷戦構造は、日本国内の政治状況にも根本的な影響を与えた。アメリカとの関係を重視する自民党を中心とした保守勢力と、安保破棄を主張する社会党を中心とした革新勢力との対立が続き、二つの勢力の対立や抗争がくり返された。中道勢力や共産党もそこにからんできたし、新左翼の政治運動が盛り上がった時期もあった。1960年代から70年代にかけては、「政治の季節」が訪れ、国民の政治に対する関心も高まった。

1970年代に入ると、日本製の自動車の海外輸出が盛んになり、アメリカ車を圧倒するようになる。アメリカでは自動車が基幹産業であったため、猛反発が起こった。これは、経済の問題であるものの、当時はむしろ、日本とアメリカとのあいだの政治問題として扱われた。そこにも、経済よりも政治が重視されていた当時の時代状況が反映されていた。

冷戦終結で経済の季節に

1980年代の終わりに東西の冷戦構造が崩れ、ソ連をはじめとする社会主義の国々が、市場経済を取り入れるようになると、政治から経済へのシフトが起こる。日本国内では、バブルの崩壊という事態も起こり、いかに経済を建て直していくか、不良債権問題を解決していくかが重要な課題として浮上した。それによって、経済への関心が高まっていった。

冷戦構造が崩れれば、外交の重要性は低くなる。日本とアメリカの政治的、軍事的な関係も、ソ連との対立があってのことで、それがなくなれば、重要度は落ちていく。自衛隊の海外派遣では、国論が割れたものの、それが政治的な対立にまで発展することはなかった。60年や70年安保のような大規模な抗議デモが起こることもなかった。

バブル経済がはじけるまで、日本経済はひたすら右肩上がりの発展を続け、驚異的な成長を実現した。1973年のオイル・ショックで、高度経済成長には幕が下ろされたものの、その後も成長は続き、それはバブルの時代に極まった。

経済の成長が続いている限り、たとえ一時的な不況があっても、すぐに景気回復がなされ、成長率の上昇が続いた。政府は、つねに税収の伸びを期待することができ、問題はそれをいかに分配するかにあった。分配先を決定するのは政治であり、そこにも政治に関心が集まる決定的な原因があった。

最近では、「成長戦略」といったことばが使われるようになり、経済をいかに拡大し、成長させていくか、政治の世界にも経済についてのビジョンが求められるようになってきたが、経済成長が続いている時代には、基本的に成長戦略は不要だった。池田勇人内閣が提唱した「所得倍増計画」にしても、内需の拡大で、国民の生活水準を向上させようとしたものだが、そうした計画があったから所得が増加したと言うよりも、経済の状況が自ずと所得を倍増させたと言える。

バブル崩壊で政治が無力化した

政府が成長戦略を立てる必要に迫られるようになるのは、バブル崩壊後である。とくに1997年に、山一證券などの金融機関の破綻が相次いで以降、いかに不良債権を処理し、経済を建て直していくかが問われるようになった。

しかし、右肩上がりの経済成長が続かなくなった状況では、税収の伸びも期待できなくなり、政府は次第に財政赤字の問題を抱えるようになる。入ってくる金がなければ、分配も難しい。それは、分配をめぐる政治的な対立や競争を緩和することにつながっていくものの、政府は弱体化し、政治問題への関心も低下していかざるを得ない。

とくに、最近の経済危機、金融危機においては、政府の財政が逼迫しているため、これまで景気回復のカンフル剤としての機能を果たしてきた財政出動も限定的なものにとどまり、政治の力の衰退を強く印象づけた。

また、日本の中央銀行である日本銀行は、これまで金利の上げ下げによってインフレやデフレの進行を抑える政策をとってきたものの、金利の低下によって、介入できる範囲が限られるようになってきた。これも、政府機関に期待できない状況を生む一つの原因になっている。

世界全体を考えてみた場合、近年、グローバル化や情報化が著しく進展し、それにともなって国民国家の衰退という事態が起こっている。経済は、それぞれの国のなかだけでは完結されず、市場は国境を超えて拡大している。多国籍企業や国際的なファンドが生まれ、その力が国家を凌駕するようになってきた。

新興国は経済発展を続けているものの、西欧の先進国では、軒並み日本と同じような事態が進行し、今後の経済発展を望むことが難しくなっている。どの政府も財政赤字に苦しみ、とくに金融危機によって、事態は深刻化した。中央銀行についても同様で、金利の低下はどの国でも共通している。

金利が低下すれば、その金を借りて、それを投資に振り向けようとする動きが生まれる。金融危機が起こるまでのあいだは、日本の金利が飛び抜けて低く、その金を借りた国際的なファンドなどが、さまざまな金融市場に投資を行ったため、バブルを発生させることになった。

日本にとっては、他の国々でバブルが生まれ、それによって消費意欲が拡大すると、輸出が増えるという好結果を生んだ。不良債権の処理が進んだのも、そうした国際的な経済

豆知識しおり　～日本の伝統文化を伝える～　3、「お盆・盂蘭盆会(うらぼんえ)」

お盆休みや盆踊りなど、夏になると「お盆」という言葉をよく耳にします。お盆は「盂蘭盆会」ともいい、インドの言葉「ウラバンナ」がその語源とされています。昔、自分の母があの世で苦しんでいる事を知り、困った僧が釈尊に話をしたところ、「夏の修行の最終日(7月15日)に供養をしなさい」という助言を頂きました。この時に僧が行った供養が、今も続くお盆の起源と言われているのです。

全国的には 8月15日(旧暦の7月15日。「旧盆」「月遅れ盆」とも)をお盆とする地域が多いようですが、東京では7月に行うなど、地域によっても様々のようです。今まで「お盆を知らなかった」という方も、今年からはお線香をお供えし、ご先祖様や、生前お世話になった方々を偲ばれてみては如何でしょうか。

環境があったからだ。だが、世界的なバブルが崩壊すれば、一挙にその影響を被らざるを得なかった。

このように世界的なレベルで政治から経済へのシフトが起こり、経済の問題をいかに解決していくかが問われることになった。金融経済が発展することで、実体経済がそれに振り回される傾向が強くなり、それも、政治の無力化につながっている。

宗教が経済を支配する

また一方では、政治から宗教へのシフトも起こっている。世界各地では、宗教的原理主義の運動が台頭し、一時は、過激派によるテロが続発した。アメリカでの同時多発テロがもっとも衝撃的な事件だったが、日本のオウム真理教の事件も、その先駆けとしての意味をもった。オウム真理教も、インドの後期密教に忠実であろうとする点で仏教原理主義の傾向を持っていた。

宗教が台頭する背景には、オイルマネーによって、イスラム教が広がった中東の地域が国際的な発言力を増してきたことがあげられる。グローバル化の進展も、国民国家に代わる結集軸として宗教の役割をより重要なものにするのに貢献している。危機的な事態が訪れるなかで、宗教への期待は近年になって高まってきた。それは、政治運動よりも、宗教運動の重要性を高める方向に作用している。

政治に代わって、経済や宗教がその重要性を増し、世界的に注目を集めるようになってきたわけだが、この二つの分野のあいだには密接な結びつきがある。それは、中東諸国におけるイスラム原理主義の台頭にも示されているが、西欧の経済のあり方やそれを分析する経済学の方向性には、ユダヤ・キリスト教が大きな影響を与えている。

無宗教を標榜し、国内にイスラム教を含めた一神教の信者が少ない日本では、その点について十分な認識がなされていない。実はそれは、西欧の諸国にも共通して言える。そうした国々では、ユダヤ・キリスト教の信仰が社会生活にあまりに深く浸透しているため、それを改めて意識することが少ないのである。

宗教と経済はいかなる関係をもっているのか。経済学のなかに、宗教の影響はどれほど見られるのか。神は経済現象に対して、どれほどの影響力をもっているのか。本書が明らかにしようとするのは、そうした宗教と経済との隠れた関係なのである。

第1章

終末論が生んだ 100年に1度の金融危機

写真提供／ロイター＝共同

金融危機について釈明するアラン・グリーンスパン前 FRB 議長

ハゲタカからの解放

六本木ヒルズは、現代の日本社会を象徴する超高層ビルである。「ヒルズ族」と言えば、グローバル化や情報化を背景に、驚異的な成功をおさめた若手実業家の代名詞でもあった。

その六本木ヒルズのオフィス棟の入口の脇には、つい最近まで黒い石が一つおかれていた。その石には、"LEHMAN BROTHERS"という文字が刻まれていた。リーマン・ブラザーズは、2008年9月に破綻したアメリカの投資銀行、および証券会社で、破綻するまでは六本木ヒルズの29階から33階にオフィスを構えていた。黒い石のエンブレムは、リーマン・ブラザーズが現代の日本社会において、いかに大きな力をもっているかを象徴していた。六本木ヒルズにオフィスを構える他の企業は、そうしたエンブレムを設置していない。

リーマン・ブラザーズだけが、六本木ヒルズの入口にエンブレムを掲げているのを見ると、この企業が、六本木ヒルズ全体を、さらには、日本の経済全体を支配しているかのような感覚に襲われた。実際、リーマン・ブラザーズだけではなく、アメリカの外資系金融機関は、日本の株式市場や不動産市場でその圧倒的な資金力にものを言わせて、莫大な収益をあげていた。彼らは、「ハゲタカ」とも呼ばれた。日本人にしてみれば、彼らは自分たちがコツコツ働いて稼いだ金を一瞬にしてかっさらっていく天敵のような存在にほかならなかった。

リーマン・ブラザーズの経営基盤は磐石で、その繁栄は永遠に続くかと思われた。ところがアメリカの連邦政府が救済に乗り出さなかったこともあり、実にあっけなく破綻に追い込まれた。そのニュースが伝えられた直後から、六本木ヒルズの黒いエンブレムでは、多くの日本人が記念撮影をしている光景を見かけた。皆、一様に嬉しそうで、ほがらかな表情でカメラにおさまっていた。

そこには、世界的に話題となっている企業に関連する場所で写真が撮影できたことが嬉しいというだけではなく、無敵とも思えたハゲタカが去ったことに対する解放感が示されていた。人々の表情が晴れやかだったのも、それまで自分たちを押さえつけていた重苦しいものが、どこかへ消え去ってしまったのを実感できたからである。もしそれが外資系金融機関ではなく、日本の金融機関や大企業であったとしたら、同じような光景は生まれなかったに違いない。

リーマン・ブラザーズの破綻は、世界的な金融危機のきっかけとなるもので、その後、世界経済は深刻な危機に見舞われた。日本経済も、それに直撃され、経済成長率はマイナスの方向に大きく落ち込み、企業の業績は急速に悪化した。日本を代表するトヨタ自動車などは、世界的な車の販売台数の急減によって、過去最高の業績をあげた直後に、赤字に転落した。

それは、国民全体の経済生活にも深刻な打撃を与えた。ボーナスは大幅に減少し、残業が減ったことで月々の収入も大きく減った。雇用情勢も一気に悪化した。景気循環の安全弁となっていた派遣社員の首切り、「派遣切り」が起こり、新卒者の採用は売り手市場から一転して急激に冷え込み、就職難が訪れた。企業の収入減は、自治体の税収の大幅な減少にも結びつき、その財政は大きく悪化した。

その点では、リーマン・ブラザーズのエンブレムのところで記念撮影をしていた観光客は、あまりにも暢気過ぎたことになる。やがては自分たちの生活に大きな影響を与えることになるとも知らずに、外資の重圧から解放されたことで無邪気にはしゃぎすぎたようにも見える。

だが、『ハゲタカ』という小説やドラマがヒットしたところにも示されているように、バブル崩壊後の日本社会は、その脆弱さを露呈し、ひたすら高い収益を求めようとする外資系の金融機関に振り回されてきた。とりあえず、その象徴となる存在がもろくも崩れ去り、日本市場から撤退したことは、やはり歓迎すべき事態だった。少なくとも、自国の経済について思うに任せないという感覚が薄らいだことは間違いない。

リーマン・ブラザーズの破綻から時間が経過し、世界経済の危機が深刻化していくにつれて、黒いエンブレムのところで記念撮影する人の数も減った。気がついてみると、エンブレム自体が撤去されていた。その石が設置されていた床面には、そこに何かがあったことを示すわずかな痕跡が残されているものの、そのそばを通り過ぎる人たちは、余程注意しなければ、それに気づかない。エンブレムは、２００８年暮れに撤去された。

そして、危機が深刻化していくにつれて、それは、「１００年に1度の経済危機」、ないしは「１００年に1度の金融危機」と呼ばれるようになり、この呼称が定着した。

グリーンスパン発言は流行語に過ぎない

最初にこのことばを発したのは、アメリカの中央銀行にあたる連邦準備制度理事会（ＦＲＢ）の第13代議長であったアラン・グリーンスパンであった。グリーンスパン前議長は、２００８年10月23日にアメリカ下院の監視・政府改革委員会の公聴会に呼ばれた際に、アメリカは「100年に1度の津波」に見舞われていると証言した。

しかし、グリーンスパン前議長が100年に1度ということばをもちだしたのは、それがはじめてではなかった。7月31日にCNBCテレビの番組に出演したときにも、すでに「100年に1度起こるかどうかの深刻な金融危機だ」と発言していた。どうやらこれが最初のようだ。アメリカ経済の動向に大きな影響を与える人物の発言だけに、それは注目され、世界的に流布した。一時は、目下の経済状況を説明する際の常套句として用いられた。

100年に1度ということが強調されたのは、1929年に起こった「大恐慌」、「世界恐慌」の経験があるからにほかならない。大恐慌の場合にも、その震源地は、今回と同様にアメリカだった。1929年は2008年のおよそ80年前にあたるわけだが、100年に1度、1世紀に1度という言い方には強烈なインパクトがあった。

今回の金融危機は、アメリカの低所得者向けの住宅ローン、サブプライム・ローンの焦げつきに端を発していた。数年前からアメリカの住宅市場全体で値上がりが続き、バブルの様相を呈していた。しかも、返済不能になる危険性が高いサブプライム・ローンは、リスク・ヘッジのために証券化され、どこに危険が潜んでいるのか極めて分かりにくい状態になっていた。

いったん信用不安が起こると、それはどこまでも拡大していった。住宅市場だけではなく、株式市場をはじめとする各種の金融市場では、大幅な値崩れが起こった。アジア開発銀行（ＡＤＢ）が、２００９年３月９日に発表した報告書では、２００８年に世界で消失した金融などの資産は50兆ドル（約４９００兆円）に達したとされている。日本の国家予算がおよそ85兆円だから、その60倍近くの額がたった１年で世界から消滅したことになる。

それは想像を絶する額である。ごく短期間にそれだけの資産が失われてしまえば、実体経済にも大きな影響を与えざるを得ない。とくにアメリカの消費者は、ふくらんだ金融資産をもとに借金をして、それを消費に振り向けてきた。それによって世界経済を牽引してきたわけだが、金融資産の価値が失われれば、その仕組み自体が機能しなくなる。さらに、アメリカでの消費の落ち込みは、アメリカを市場とする各国の輸出企業をも直撃し、危機は一気に世界に拡大した。

アイスランドなど、経済を金融にシフトさせていた国が受けた打撃は深刻だった。国家の財政は破綻し、すべての銀行が国有化された。アメリカをはじめ、各国では経済成長率が大幅なマイナスに転じた。アメリカを支えてきた自動車産業の三大メジャーは、さらにその業績が悪化し、ＧＭやクライスラーは経営破綻した。

こうした事態を踏まえるならば、たしかに金融危機、経済危機は想像を絶した深刻な事態であり、世界の経済秩序を根本から覆し、急速に悪化させたと見ることはできる。その点では、１００年に１度の金融危機というとらえ方は的を射ている。だからこそ、常套句としてくり返し使われた。もし、流行語大賞の世界版があるとすれば、間違いなくそれは２００８年の大賞に輝いたことだろう。

「100年に1度の危機」は本当か？

しかし一方で、この言い方と私たちの実感とのあいだに、大きなズレがある。本当に１００年に１度の危機が訪れているのか、疑問を感じることも少なくない。

すでに述べたように、経済危機の影響は日本社会にも及び、収入や雇用機会の減少という事態が生まれている。多くの人々の生活は苦しくなり、就職戦線も一転して氷河期が訪れている。それまでは低下を続けていた失業率も徐々に上昇し、５パーセントを超えるまでに至った。

その点で、私たちが危機に直面していることは紛れもない事実である。サブプライム・

ローンの問題が起きたときには、日本の金融機関にはバブルの反省があり、そんな危険な商品に手を出していないので影響は小さいと思われていたが、実体経済への影響はかえって日本の方が深刻である。

けれども、それを「恐慌」と呼ぶべきなのかと言えば、違う気がしてくる。１９２９年の大恐慌では、日本でも銀行の破綻や取り付け騒ぎが起こった。またそれは、日本が無謀な戦争へと突き進んでいく一つの原因ともなった。それに比較すれば、今回の危機を恐慌としてとらえるわけにはいかない。まして、大恐慌と呼ぶほどの根本的な変化は起こっていないのである。

仮に、２００８年秋から２００９年春にかけての半年ほど新聞やテレビ、さらにはインターネットといったメディアにほとんどふれることがなく、金融危機のニュースに接する機会がなかったという人がいたとしたら、世界が１００年に1度の危機に見舞われたことを知らないままでいた可能性も考えられる。それほど、現実の社会は大きくは変わっていない。銀行の相次ぐ破綻で騒然としていたり、失業者が街に溢れるといった事態は起こっていないからである。

悲惨だった戦後経済

そもそも日本の社会では、これまで経済をめぐってさまざまな変化が起こり、くり返し危機が訪れてきた。

太平洋戦争では、無謀な戦争を続けたため、国内の経済は疲弊した。戦後の日本社会は、その荒廃のなかから立ち上がっていかなければならなかった。少なくとも、今回の経済危機より、戦後の状況の方がはるかに深刻であった。

日本は、その深刻な事態を乗り越え、驚異的な経済発展を遂げていく。途中なんどか景気後退の局面も迎えたものの、1973年の「オイル・ショック」で急ブレーキがかかるまで、日本が先進国の仲間入りを果たすところまでその地位を押し上げていった。

オイル・ショック後には不況が続き、就職戦線には未曾有の危機が訪れた。筆者などは、ちょうどその時期に大学を卒業しており、もし仮に企業への就職をめざしていたら相当に深刻な就職難に直面したはずである。

オイル・ショックで、経済の驚異的な成長には歯止めがかかったものの、経済成長そのものは続いた。1980年代なかばにはバブル経済の時代が訪れる。地価や株価は急騰し、日本経済は世界を席捲する勢いを見せた。

しかし、バブルの規模が大きかっただけに、崩壊後の危機は深刻だった。不良債権の処理は進まず、やがては金融機関の破綻が相次ぎ、「失われた10年」と言われるようになる。

それでも、21世紀に入ると経済成長率が回復し、日本の経済はふたたび発展するようになる。しかし、このときの景気回復は、世界を相手にした輸出産業には莫大な利益をもたらしたものの、国民全体が経済の拡大から恩恵を被ることができるものではなかった。そして、金融危機が到来することで、長期にわたった実感の乏しい景気回復にも終止符が打たれた。

このように見ていくと、戦後日本の社会は経済的な面で数々の苦難に直面してきたことがわかる。苦難の連続であったと言っても過言ではない。とくにバブル崩壊に端を発した経済危機は相当に深刻で、そこから立ち直るために、日本社会は大きな犠牲を払わざるを得なかった。それに比較したとき、今回の金融危機がもたらした事態は、深刻さの点ではるかに劣るのではないだろうか。

原油高を救った金融危機

少なくともそれが、100年に1度と言えるような規模の危機でないことは確かである。1990年代においては、危機は目に見える形をとり、その分国民の印象に強く残った。山一證券をはじめとする金融機関破綻のニュースは、くり返し放送された。ところが、今回の危機にかんして、それを象徴するような映像は存在しない。リーマン・ブラザーズの社員が、破綻した直後に、私物をダンボールに入れて持ち帰る光景は流されたものの、それほどインパクトのある映像ではなかった。株価の全面安を示す証券会社の電光掲示板の前で茫然自失とした投資家の映像にしても、これまでくり返されてきたことで、格別珍しいものではなかった。

むしろ、ハゲタカが去ったことの解放感は大きい。外資系の金融機関が豊富な資金力に物を言わせて日本の企業や土地を安く買いたたくことに、国民は忸怩たる思いを抱いてきた。金融危機が起こる直前にも、原油の異常なほどの高騰が続いた。そこには、ガソリン税の暫定税率をめぐるごたごたも影響していたが、ヘッジファンドなどが、原油市場に投資資金を集中させ、莫大な収益をあげようとしたことに決定的な原因があった。また、穀物市場やコーヒー豆の市場なども高騰していた。金融危機による世界的な資産の消失は、投機による高騰を生まなくなった分、経済を安定化させる方向に作用している。その点では、金融危機がもたらした事態は決してマイナスばかりではないのである。

各国の経済は、それぞれに大きな打撃を受けた。先進国では軒並み経済成長率がマイナスに転じ、金融機関や一般企業の倒産や、事実上の国有化という事態を招いた。「世界の工場」と言われるようになった中国でも、ここ数年続いてきた驚異的な経済成長に歯止めがかかった。また、ドバイのように、金融の力によって発展を遂げてきたような場所では、開発が中止されるなど翳りが見えはじめた。

しかし、２００９年に入ると、多くの国において景気に底打ち感が広がり、中国では目標とする年率８パーセントの経済成長を維持できる可能性さえ出てきた。金融資産は消失しても、戦争などと異なり、経済活動の基盤となるインフラや工場などが破壊されたり、崩壊したわけではない。労働力であると同時に消費の主体となる多くの人命が失われたわけでもない。大恐慌後のアメリカでは、株価が80パーセント以上下落したり、工業生産が3分の1にまで落ち込んだ。失業率も25パーセントを超えた。膨大な数の銀行が倒産し、１９３３年にはすべての銀行が業務を停止するという事態さえ生まれた。これこそが大恐慌である。

今日では、どの国においても中央銀行が設置され、その機能が強化されている。大恐慌が起こった時点では、まだどの国にも中央銀行が存在するわけではなかった。しかも現在では、各国が協調して経済の立て直しに尽力する体制ができあがっている。経済のグローバル化が進んでいる以上、一つの国の経済を独立したものとしてとらえることはできない。経済政策も、他国の政策と連動していなければ意味をなさない。大恐慌の時代は二度の世界大戦に挟まれているが、当時は列強が植民地拡大に奔走するなど、各国が協調するような状況にはなかった。

パニックに陥ったクルーグマン

今回の危機では、大恐慌のときのように、経済システムそのものが崩壊するという事態には至っていない。そもそも、この80年間で、世界全体の経済力は大きく発展し、社会には物があふれ、労働者の賃金も上昇し、労働環境や生活環境は飛躍的に向上した。豊かで安定した社会が実現されたことで、危機の深刻化を防いでいる。いかなる事態が起こったとしても、それが100年に1度の危機に発展する危険性は乏しいのである。

だからといって事態をあまりに楽観視し、危機意識をもたないことには問題がある。だが、冷静に事態に対処すれば、問題の解決にむかう余地はいくらでも存在する。

ところが、金融危機が起こった直後、世界はパニックに襲われた。そして、１００年に１度の金融危機という言い方が、何の検証も経ないまま言説として流布し、あたかもそれが前提であるかのごとく、人口に膾炙したことで、危機は実態以上に深刻なものとして受け止められてしまった。

たとえば、アメリカの代表的な経済学者にポール・クルーグマンがいる。彼は２００８年にノーベル経済学賞を受賞し、日本でもよく知られている。彼はブッシュ政権の経済政策を痛烈に批判したが、金融危機が起こった直後からは、大規模な財政出動や金融緩和の必要性をくり返し訴えていた。

財政出動を行うことは、景気が落ち込んだときの常套手段であり、クルーグマンの主張は決して珍しいものではないし、経済に危機が訪れれば当然にも出てくる主張である。だが、アメリカ政府は膨大な財政赤字を抱えており、大規模な財政出動を行うことは、赤字をさらに増加させることにつながる。にもかかわらず、クルーグマンは、「債務増を心配する時でない」と言い切り、徹底した財政出動によってしか危機を乗り越えることができないとくり返し訴えた（『朝日新聞』２００８年11月17日付など）。

このクルーグマンの主張に賛意を示す人も少なくなかったが、私には、彼の発言が危機の深刻さを前にパニック状態に陥ってのものにしか思えなかった。そして、ここが重要なところだが、グリーンスパンにしても、クルーグマンにしても、そして、彼らのことばをそのまま鵜呑みにしてしまった人々にしても、その頭のなかには、危機に直面したとき、それを自動的に世界が崩壊する予兆として解釈してしまう回路が形成されているようにさえ感じられたのである。

9・11で世界は変わったか？

2001年9月にアメリカで同時多発テロが起こったときには、「世界は変わった」と言われた。アメリカの繁栄の象徴である世界貿易センターの2棟の超高層ビルに、ハイジャックされた2機の旅客機が突っ込んでいったことで、ビルはもろくも崩れ去った。しかも、旅客機が突っ込んでいく場面やビルが倒壊していく光景は、テレビによって生中継され、全世界に衝撃を与えた。

これは、アメリカに対して敵意を抱く、国際的なテロ組織、ビンラーディンが率いるアルカイダの陰謀であるとされた。アルカイダを一掃するために、アメリカを中心とした多国籍軍は、ビンラーディンを匿っていたタリバーン政権を崩壊させるためにアフガニスタン攻撃に踏み切った。「反テロ戦争」が開始されたのである。

さらには、テロ組織と連携しながら大量破壊兵器を開発しているとして、イラクへの侵攻も行われた。そうした攻撃を正当化する上で、世界が変わったということばが、極めて重要な役割を果たした。

従来の戦争は、国家と国家とのあいだで争われるものであった。ところが、同時多発テロの場合には、アメリカに敵対したのは国家ではなく、テロを実行する民間の組織に過ぎなかった。しかもアルカイダは、国際的テロ組織とは言われるものの、中央集権的な強固な組織構造などもっておらず、むしろネットワークに近い柔構造の組織形態をとっている。アルカイダは、アメリカを先頭とする国家群が戦争を仕掛けるような相手ではなかった。しかし、根本的な変容を遂げた世界では、国家に敵対するのは国際的なテロ組織であるという認識が生まれ、それが支持された。本当に世界が変わったのかどうか、十分な検証などなされず、あたかもそれが前提であるかのごとく扱われたのである。

同時多発テロの後には、スペインやイギリスなどでテロが頻発し、一時は、21世紀はテロの時代になるのではないかという危機意識が広まった。自爆テロという手段が用いられたことも、また、そこに宗教対立が絡んでいるということも、事態の深刻さを印象づけることになった。それによって、世界は変わったという認識が信憑性を獲得することになるが、やがて事態は変わっていく。

しばらくすると、テロが頻発するという状況はなくなり、少なくともアメリカがふたたびテロ攻撃の対象となることはなかった。ヨーロッパなどでもテロが拡大することはなく、事態は沈静化した。その後、テロがくり返されているのは、反テロ戦争の標的となったアフガニスタンやイラクなどに限定されるようになっていく。

同時多発テロが起こってから金融危機が起こるまで、10年も経過していない。今の時点で、同時多発テロによって世界が変わったという認識を依然として持ち続けている人は、果たしてどれほどいるだろうか。２００1年当時にそうした指摘がなされ、それが広く受け入れられたという事実自体、ほとんど記憶されてはいないのではないだろうか。

同時多発テロと金融危機では、その性格は根本から違う。しかし、どちらも、これからの世界の行く末に根本的な影響を与える決定的な出来事としてとらえられた点では共通する。それほど大きな変化がわずか数年の間に2度もくり返されるものなのだろうか。両者の背景には、共通にグローバル化の進展という事態があるにしても、二つの出来事のあいだに直接の関連性があるわけではない。

同時多発テロの衝撃がわずか数年で薄らいだように、100年に1度の金融危機の衝撃も、同じ運命をたどるのではないだろうか。すでにその兆しは見えている。100年に1度の経済危機ということばを流行語大賞にたとえたが、大賞をとった流行語でも、翌年には死語になることがある。

世界貿易センタービルはバベルの塔だった

ではなぜ、同時多発テロや今回の経済危機は、世界を根本から覆す出来事として受け取られてしまったのだろうか。

同時多発テロが起こり、2棟の超高層ビルがあっけなく崩壊していった際に、それと類比される出来事として持ち出されたのが、旧約聖書の「創世記」に記された「バベルの塔」の物語であった。

バベルの塔の物語は、ノアの箱船の物語の後に設定されているが、その時代、人々は一つの共通のことばを話していた。それゆえ、あらゆる人々のあいだでことばが通じ、円滑なコミュニケーションがはかられ、一致団結してことにあたることができた。そのため、人々は天にまで届く塔を建てようという計画をたて、それを実行に移す。ところが、「ヤハウェ」と呼ばれる神は、それが実現されれば、人間はあらゆることを可能にしてしまうだろうと考え、人々のことばを混乱させ塔の工事を中止させてしまう。それによって、人々は別々のことばをしゃべるようになり、簡単には一致団結できなくなってしまったのである。

世界貿易センターの2塔のビルは、ニューヨークのマンハッタンにそびえ立ち、そのなかには、世界の経済を動かす金融機関が数多く事務所を構えていた。その点で、アメリカに打撃を与え、世界に衝撃をもたらす上で、テロリストにとっては格好の標的だった。そのもくろみは的中し、バベルの塔ならぬ世界貿易センタービルの倒壊は、世界の崩壊を予告するかのような出来事としてとらえられた。もし、そうした連想が働かず、「創世記」の物語が思い起こされなかったとしたら、同時多発テロは、世界を変えるような出来事としてはとらえられなかったのではないだろうか。

ユダヤ・キリスト教の信仰の核心には、終末論が存在している。この世を創造した唯一絶対の神は、もし人間が腐敗堕落したとしたら、それに警告し、その傾向を改めさせるために、世界をその手で破壊すると信じられてきた。

そうした信仰があるからこそ、同時多発テロや金融危機は、世の終わりが訪れたかのような、あるいはそれを予想させる出来事として解釈されることとなった。ユダヤ・キリスト教が強く影響しているアメリカ社会には、危機的な事態を終末論的に解釈する心理的な回路が形成されているのである。

日本人のあいだには、そうした終末論は浸透していない。その点で、ユダヤ・キリスト教や、この２つの宗教の影響下に生まれたイスラム教が支配的な地域とは異なっている。一神教の文化圏では、危機的な事態は終末論的に解釈されるが、それとは異なる宗教的な文化の上にある日本では、たとえ深刻な危機が起こっても、それが終末論的に解釈されるようにはならないのである。

その違いは、極めて大きな意味をもっている。日本では、経済現象について考える際に宗教の影響が考慮されることはほとんどない。ところが、一神教が広まった国々では、さまざまな点で経済現象と宗教とは密接な関係があるものとしてとらえられている。それが、今回の経済危機において露呈した。しかしそれは、起こっている事態の解釈を歪める方向に作用した面があったのである。

これは、一神教の文化圏とは距離を置いている日本においてしか見えてこないことかもしれない。宗教は人間を精神的に解放する一方で、それを拘束する。宗教の呪縛から解き放たれることは容易なことではなく、経済の世界、さらにはそれを解釈し、理論化する経済学の世界にも宗教が色濃く影を落としているのである。

第2章

ノアの箱船に殺到するアメリカの企業家たち

写真提供／ロイター＝共同

2001年9月11日、21世紀の〝バベルの塔〟は崩れ去った

ＡＩＧ幹部の強欲さ

金融危機の震源地となったアメリカでは、経営が悪化した金融機関や大企業に対して、公的資金の注入が行われた。アメリカは自由主義の国であり、それに強い誇りを抱いてきた。そうしたイデオロギーが信奉される国で、いくら国の基幹産業であるとは言え、連邦政府が私企業の救済に乗り出すことには根強い反対意見があった。

しかし、日本でバブルが崩壊した後、公的資金の注入が政策として浮上したものの、その実施が遅れたことで不良債権処理が遅れた。そう認識するアメリカ政府は、そのときの日本政府の姿勢を反面教師としていち早く公的資金の注入という対策を立て、議会での反対を押し切った。

ところが、そこに日本人的な感覚からすれば、思わぬ事態が発生した。

公的資金の融資を受けた代表が、ＡＩＧ（American International Group, Inc.）である。アメリカ最大の保険会社であるＡＩＧは１９１９年の創業でニューヨークに本拠をおいているが、サブプライム問題で巨額の損失を出した。２００８年の損失額は９９２億９０００万ドルで、アメリカの企業が出した最大の赤字を記録した。円に換算すれば10兆円近い途方もない数字で、それだけの損失を出した企業が経営破綻を来すのは当然だった。

当初、AIGは、民間からの融資を模索したが、それに応じるような金融機関はなく、経営破綻が現実味を増した。もしAIGが破綻するなら、リーマン・ブラザーズの破綻以上に深刻な影響を及ぼす。ましてリーマン・ショック以降のアメリカ経済は急速に勢いを失っており、そこにAIGの破綻という出来事が起これば、回復不能な打撃を被る危険性もあった。

そこでFRBは、AIGの資産を担保として最大で850億ドルの融資を行うことに決定した。アメリカ政府は、AIGの株式のうち79・9パーセントを取得する権利を確保した。これによってAIGは、政府の管理下で経営再建をはかることとなった。これはAIGを国有化するのに等しい。

ところが、2009年3月になると、公的な融資を受けたAIGにおいて、従業員に対して多額のボーナスが支払われている事実が判明した。その額は総額で1億6500万ドル（約162億円）にものぼる。しかも幹部になると、100万ドル（約9800万円）以上のボーナスを受けとった者が73名にも及び、なかには640万ドルもの巨額のボーナスを支給された者もいた。彼らは、巨額の損失を出した部門の担当者でもあった。しかも、ボーナスの支給はそれだけではなく、２０１０年3月までに2億３０００万ドルが追加で支払われる計画であることが明らかになった。

これに対してアメリカ国民から激しい反発が起こり、新たに就任したバラク・オバマ大統領は、「納税者への侮辱」だと怒りをあらわにした。ガイトナー財務長官も、「ボーナスは取り返す」と、厳しい態度で臨むことを表明した。議会では、多額のボーナスを受けとった幹部に対して90パーセントの課税を行う法案が議決された。

しかし、公的資金を注入された金融機関で、幹部が多額のボーナスを貰ったのはＡＩＧだけにとどまらなかった。１００億ドルの公的資金を注入されたゴールドマン・サックスとモルガン・スタンレーの場合、それぞれのボーナス支給額は、前者が総額で48億ドル、後者が44億７５００万ドルだった。ゴールドマン・サックスの２００８年の収益が28億ドルだから、その約2倍に相当する額がボーナスとして支払われたことになる。モルガン・スタンレーの収益は17億ドルにしか過ぎなかった。

２５０億ドルを注入されたＪＰモルガン・チェースは、収益56億ドルに対してボーナスは86億ドルにのぼった。２７０億ドル以上の損失を出したシティグループとメリルリンチでも、それぞれが53億３０００万ドルと36億ドルをボーナスとして支払っていた。

日本人には理解不能な6億円ボーナス

まず何よりも私たちが驚くのは、ボーナスの額の多さである。ＡＩＧでは６４０万ドルのボーナスを手にした幹部がいたわけだが、日本円に換算すればおよそ６億円である。アメリカは、「アメリカン・ドリーム」という夢がかなう国とされ、成功者にはそれに見合うだけの見返りがあるとされてきた。しかし、いくら出世街道をのぼりつめた人物であっても、ボーナスだけで６億円というのは日本的な感覚からすればあり得ない金額である。

しかも、その対象となったのは、飛躍的に業績を伸ばしている企業の幹部ではなく、経営破綻寸前の企業の幹部である。大統領や有権者が怒るのも当然である。

この事実が判明した段階では、ボーナスの支給は金融危機以前に決まっていたことで、契約を変更するわけにはいかないと伝えられた。巨額のボーナスを返還すべきだという声があがったものの、それを手にした人間たちは、その声に応じようとはしなかった。

もし日本で同じようなことが起こったとしたら、どうなっていただろうか。

公的資金を注入された金融機関や私企業の幹部が、かなりの額のボーナスを手にしたと伝えられれば、たとえそれが1000万円程度であったとしても、国民は激しく反発し、メディアもいっせいにそれを攻撃の対象としたであろう。議員も国会でその問題を取り上げ、金融機関や企業のトップが参考人として招致され、厳しい質問攻めにあったに違いない。資金注入を中止する方向に議論は進み、当の幹部たちは連日、メディアに追いかけまわされ、厳しくその責任を追及されたはずである。

アメリカでも強い反発が出たわけだから、そこまでの経緯は根本的には同じかもしれない。しかし、アメリカと日本では、追及を受けた幹部たちの行動の仕方が違う。アメリカでは、契約をたてにボーナスを貰うことを当然だと主張し、いくら非難を受けても、自主的に返納しようとはしなかった。一方日本では、幹部たちは激しく動揺し、とても安閑とした気持ちで事態に対処するわけにはいかなくなったはずだ。家族にも世間の厳しい目が向けられ、一家で針のむしろの上に座らされたような状況に追い込まれるであろう。その結果、いったんボーナスを受けとっても、それを返還することになるはずだ。

そもそも日本では、経営破綻に追い込まれそうな企業のトップや幹部は、世間に追及される前の段階で責任を感じ、自分の属する企業からボーナスを受けとろうとはしないだろう。そこには、自責の念だけではなく、企業に対する愛着や愛情も関係している。アメリカでは、有能な人間はよりよい条件を求めて企業を渡り歩いていくが、日本では、終身雇用はすでに過去のものになったとされてはいるが、まだ一つの企業に長年とどまるケースの方が多い。日本人は、長く同じ企業にとどまることで、組織に対して強い帰属意識をもっている。

ノアの箱船を予約していた米エリートたち

アメリカの企業家たちの巨額ボーナスをめぐる行動の仕方を見て連想されるのが、旧約聖書の「創世記」にあるノアの箱船の物語である。この物語は、前の章でふれたバベルの塔の物語の前に語られており、「創世記」の6章から9章までを占めている。

世界の各民族には、はるか古代において大洪水に見舞われたとする伝説が存在しており、ノアの箱船の物語もそのバリエーションの一つである。こうした大洪水伝説は実際に起きた洪水をもとに生まれたという説もあるが、「創世記」で語られているように、世界全体を押し流してしまうような大洪水が歴史的に起こった証拠は見いだされていない。

「創世記」において、大洪水を引き起こす主体となったのは神である。この世界を創造した唯一絶対の神は、自分が創造したはずの人間が腐敗堕落し、乱れた生活を送っているのに失望し、大洪水を引き起こして彼らを一掃しようと考える。神は、「すべて肉なるものを終わらせる時が、私の前に来ている。彼らの故に不法が地に満ちている。見よ、私は地もろとも彼らを滅ぼす」と言って、大洪水を引き起こそうとした。

ただそうなると、地上からは人類を含めて生命がすべて失われてしまう。そこで神は、信仰の厚い敬虔なノアとその家族だけを救うこととし、彼らに巨大な箱船を用意させる。その箱船には、ノアの家族だけではなく、すべての動物の番《つが》いが乗せられる。それによって、大洪水の後に、それぞれの動物の生命が受け継がれていくようにするためである。

箱船が完成してから7日後に大洪水が起こり、それは40日40夜にわたって続いた。最後にノアの箱船はアララト山に漂着し、ノアとその家族、そして番いの動物たちはその命を助けられる。そこから新たな生命の創造が行われ、ふたたび地上には生命が満ち溢れていく。アララト山はトルコに実在するが、その名が与えられたのは、そこがノアの箱船の漂着した山だと考えられたからである。しかし、それが科学的に証明されているわけではない。

前の章で述べたように、ユダヤ・キリスト教の世界においては終末論が信奉され、それが広く浸透し、危機的な事態が起こると、世の終わりが訪れつつあるという認識が浮上する。その際に重要なのは、世の終わりが訪れることで世界全体が無に帰してしまい、生命がすべて途絶えるとは考えられていないことである。多くの生命は失われるが、一部にその生命を救われる者たちがいる。それは特別な人間たち、つまりは選ばれた人間たち、「選ばれた民」である。選ばれた者だけが世の終わりを乗り越えて、終末後の世界に生き続けることができるというのが、ユダヤ・キリスト教の終末論の特徴である。

こうした終末論は、ユダヤ・キリスト教が広まった地域に浸透し、ことあるごとに信仰の対象になっていく。世の終わりが接近していることを説くカルト的な宗教集団では、世の終わりから救われたいと望むなら、一刻も早く信仰を獲得し、その教団のメンバーになることが求められる。つまり、終末を乗り越える箱船に乗る人数は限られていて、早く船に席を確保しなければ、大洪水に飲み込まれ、その生命を失うと警告されるのである。

巨額のボーナスを支給されたアメリカの金融機関や大企業のトップ、幹部たちは、相当に早い段階から自分の属している組織が破綻の危機に直面していることを認識していたことだろう。まさか自分たちの組織がおかれている状況を把握できていなかったとは思えない。遠からず自らが属する金融機関や企業が破綻することを予測していたに違いない。

その際に、彼らは組織に対する愛着心が薄い分、組織とともに自分が滅びていくという方向を選択せず、自分だけが生き延びようということを考えた。貰えるものを貰い、それで将来における自分の安楽な生活を確保した上で、沈没していく組織から逃れようと考えた。だからこそ彼らは、巨額のボーナスを支給されることに痛痒を感じなかった。それを当然の報酬(!?)と考え、自分たちだけ箱船に席を確保しようとしたのである。

その点で、「創世記」という神話に描かれた物語が、現代に生きる人間の、しかも世界の最先端を走っているビジネス・エリートの行動規範として機能したことになる。ビジネスの最前線に立つエリートたちは、成功を勝ち得てきたことで、自分は選ばれた存在であると考えている。その選民意識が、日本の社会なら道徳や倫理に背く反社会的な行為を実行することに躊躇《ためら》いを感じさせないのである。

旧約聖書はユダヤ人の聖典

日本人は、聖書、あるいはバイブルということばを聞くと、それをキリスト教の聖典として考える。それは決して間違ったことではないが、その一部がユダヤ教においても聖典である点については必ずしも十分には認識していない。

聖書は、旧約聖書と新約聖書の二つの部分に分かれている。その総称が聖書である。新約聖書は、キリスト教を開いたイエス・キリストがどういった人生を歩み、どういったことばを残したかを伝える４つの「福音書」からはじまり、その弟子たちの物語や、キリスト教をユダヤ人以外の民族に伝える上でもっとも大きく貢献したパウロが書いた書簡、さらには、世の終わりを予言した「黙示録」などからなっている。

イエスはユダヤ人であり、彼が説いた教えは、基本的にユダヤ教の教義にもとづくもので、それを根本から革新するものではない。一般にはキリスト教に独自な教えとされている隣人愛の教えにしても、それはすでに旧約聖書のなかに記されており、イエスの独創ではない。その点で、イエスは新しい宗教を開いた開祖ではなく、ユダヤ教の宗教改革家、預言者の一人と見ることもできる。事実、ユダヤ教やイスラム教では、イエスは預言者の一人と位置づけられている。キリスト教では、イエスは人間と神の両方の性格を併せ持っていると考えられ、それが教義としても定着しているが、ユダヤ教やイスラム教ではその点は決して認められないのである。

ユダヤ教のなかで、イエスは特別な存在とは考えられておらず、新約聖書も、聖典とはとらえられていない。ユダヤ教の聖典と言えば、その核になるのは、旧約聖書のはじめの５章、「創世記」、「出エジプト記」、「レビ記」、「民数記」、「申命記」で、これは、「モーセ五書（トーラ）」と呼ばれている。ほかに、旧約聖書のなかに含まれる文書全体がユダヤ教でも聖典として位置づけられている。新約聖書はキリスト教独自の聖典であり、旧約聖書はユダヤ教とキリスト教に共通する聖典なのである。

アメリカという国について考えてみた場合、国民の大半はキリスト教徒である。カトリックよりプロテスタントの方が多く、国民の半数強はプロテスタントである。近年、キリスト教徒としての自覚をもつアメリカ国民の割合は減少傾向にあるが、それでも80パーセントから85パーセントの国民がキリスト教徒としての自覚をもっている。

日本人の信仰率が全体でも20パーセントから30パーセント程度であることから考えると、信仰率が8割を超えること自体が驚異的である。アメリカは、ヨーロッパで迫害にあったピュウリタン（清教徒）が新大陸に逃れてきたところからその歴史がはじまっており、伝統的にキリスト教の影響が強く、熱心な信仰をもつ人間が少なくない。アメリカの社会全体にはキリスト教が浸透しており、アメリカの大統領が、就任式の際に聖書の上に手をおいて宣誓を行うところに、そうした状況が象徴的な形で反映されている。

一方、ユダヤ教の信者数は、アメリカでも全人口の1パーセント程度で、数としては多いわけではない。キリスト教徒に比較すれば、ユダヤ教徒は圧倒的な少数派である。

世界のユダヤ教徒＝ユダヤ人の数は、東京都の人口に近い１３００万人から１４００万人程度と推測される。近代に入ってユダヤ人が世界各地から大量に移民したことで生まれたイスラエルには、５３０万人のユダヤ教徒がいる。数でそれに匹敵するのがアメリカで、イスラエル以上に数が多い可能性も考えられる。

しかも、アメリカ社会におけるユダヤ人の影響力は大きい。とくにエリート層に多く、金融や映画、音楽の世界で、その活躍は目覚ましい。根拠の薄弱な陰謀論を扱った書物においては、たいがいユダヤ人が結束して世界を支配し、陰謀をめぐらせているという解釈が施されている。

ユダヤ教で信仰される神とキリスト教で信仰される神は、同一の存在であり、それは、この二つの宗教から大きな影響を受けたイスラム教でも同じである。その点で、三つの宗教は兄弟の関係にある。ただし、ユダヤ教が固有の開祖をもたない民族宗教であるのに対して、キリスト教とイスラム教は開祖をもつ創唱宗教であり、民族の枠を超えて世界に広がり世界宗教としての性格を獲得した。

ユダヤ教とキリスト教は、民族宗教と世界宗教という点で性格を異にしているものの、旧約聖書（モーセ五書）を共有しているように、共通点は多い。とくに重要なのは、「創世記」に記された人類創造の物語が共有されていることである。しかも、それはたんなる神話としてとらえられているわけではなく、現実を語り、それに意味を与える物語の基本として絶えず再生され、語り直されている。

「創世記」以外にも、「詩篇」などは、さまざまな形でくり返し引用されている。たとえば、ジョージ・W・ブッシュ前大統領は、同時多発テロが起こった際に、「死の陰の谷を行くときも／私は災いを恐れない。／あなたがわたしと共にいてくださる」という「詩篇」の有名なことばを引用し、国民にむかって覚悟と犠牲を求めた。

このように、旧約聖書の物語やことばは、今でも生きた形で活用されている。これまで見てきたように、バベルの塔やノアの箱船の物語は、現実に起こった出来事の意味を解釈するための枠組みとして用いられる。ユダヤ教やキリスト教については、一神教であることが強調されてきたが、現実の生活においては、旧約聖書で語られた物語がアメリカ国民の物事に対する理解や解釈の枠組みとして機能している点が重要なのである。

ハリウッド映画の裏テーマは「創世記」

「創世記」の物語を浸透させる上で、現代の社会で大きな役割を果たしているのが、ハリウッドで製作される映画である。

アメリカには、その建国当初から、迫害を受けやすいヨーロッパを逃れて、ユダヤ人が移民してきた。最初はドイツからのユダヤ人移民が多く、そのなかには、ゴールドマン・サックス社の創業者となるマーカス・ゴールドマンなども含まれていた。ドイツ系の移民は同化主義の立場をとり、民族集団としての結束を固めようとはしなかった。

19世紀の終わりには、ユダヤ人がもっとも多く居住していたロシアや東欧で、「ポグロム」と呼ばれるユダヤ人に対する迫害が激化する。それを逃れて、大量のユダヤ人がアメリカにわたってきた。彼らは社会階層が低かったこともあり、ドイツ系とは異なり、独自のコミュニティーを形成し、アメリカの多数派を構成するワスプ（WASP）からは差別された。さらに、ドイツでナチスによるユダヤ人迫害が行われると、ドイツやオーストリアから移民してくるユダヤ人が増え、アメリカはユダヤ人がもっとも多い国家となっていく。

ドイツ系のとくに知識階級のユダヤ人は、アカデミズムの社会で安定した地位を確立したが、他のユダヤ人はアメリカでも差別を受け、その結果、新興産業としての映画産業に活路を見いだした。ユニバーサルやパラマウント、21世紀フォックスなどといった主だった映画会社は、最初、ユダヤ人によって創立されたものだった。

こうしてユダヤ人がハリウッド映画の製作において中心的な役割を負うことになるが、だからといって、映画にユダヤ教色を出すわけにはいかなかった。観客の大多数は一般のアメリカ国民であり、大半はキリスト教徒である。そうした観客に対して、少しでもユダヤ教色のある映画を提供すれば、拒否反応を引き起こすだけではなく、いっそうの差別を引き起こすことにもなりかねない。

そこで、ユダヤ教色を完全に払拭した映画が製作されるが、その際に、「創世記」の物語が活用される。それは、ユダヤ人社会に物語として深く浸透し、理解や解釈の枠組みとして機能していた。さらには、人間関係を形成するモデルとなる役割を果たしていた。「創世記」の物語なら、キリスト教が共通に聖典とする旧約聖書に含まれるわけで、キリスト教徒も十分に受容できた。

「エデンの東」に登場する「父なる神」

その最も典型的な映画が、夭折したことで永遠のアイドルとなったジェームズ・ディーンの出演した「エデンの東」である。タイトルが示すように、この映画は、「創世記」におけるカインとアベルの兄弟殺しをテーマにしている。

カインとアベルは、最初の人類であるアダムとイブの子どもで、兄のカインは農夫となり、弟のアベルは羊飼いとなった。２人はそれぞれ神に対して供物を捧げたが、神はアベルの供物を受け入れたものの、カインの供物は受け入れなかった。そこでカインはアベルを殺す。これによってカインは神から地上を放浪するよう命じられ、エデンの園の東にあるノドに住むようになる。

映画の「エデンの東」は、ジョン・スタインベックの長編小説を原作にしており、監督はユダヤ人移民のエリア・カザンであった。映画では、「創世記」と同様に、兄弟間の葛藤が中心的なテーマに据えられているものの、神は父親に置き換えられている。また、供物を受け入れてもらえない、つまりは父＝神に愛されないのは、兄ではなく弟の側に設定されている。弟が豆の相場で稼いだ金を父親にプレゼントしても、父親は汚い金だとして受けとらない。

そこで弟は、兄に、自分たちの実の母親が淫らな水商売の女であることを暴露する。兄は激しいショックを受けて、人が変わったようになり、軍隊に志願してしまう。父親も、兄の変化に衝撃を受け、半身不随になってしまう。映画は、病床の父親と弟のあいだに愛情が確認され、それでハッピーエンドに終わるが、基本的な筋書きは、「創世記」に依っている。

その後も、父親に愛されない弟の悲劇は、くり返しアメリカ映画のテーマになった。主な作品をあげれば、「スタンド・バイ・ミー」、「愛と青春の旅立ち」、「いまを生きる」などがある。優秀であるがゆえに父親に愛されてきた兄は、すでに亡くなっているものの、父親はことあるごとに兄のことをもちだし、弟に強いコンプレックスを植えつけていくのである。

弟が、父親に愛される優秀な兄に嫉妬し、激しく葛藤するのは、それだけ父親の権威が強力なものとして設定されているからである。そこには、この世界を創造した唯一絶対の神の姿が反映されている。そもそも、そうした神には強力な家父長制度における絶対的な権力者としての父親のイメージが投影されている。弟にとって、本当に葛藤し、打倒しなければならないのは、兄ではなく父親の方である。父親を乗り越えることは、青年が大人に成長していくために不可欠な過程であり、そこでは父殺しが求められる。「スター・ウォーズ」で、悪の帝王であるダース・ベイダーが、実は主人公の父親と設定されているのも、父殺しというテーマが重要性をもっているからである。

　このように映画を通して、「創世記」で語られたユダヤ教とキリスト教に共通する神話の物語が、アメリカ社会に浸透していった。ハリウッド映画は、アメリカだけではなく、世界各国で圧倒的な影響力をもっており、ヨーロッパをはじめとするキリスト教文化圏では、アメリカの場合と同じ機能を果たしている可能性がある。日本人は、そうした背景を知らず、あくまで娯楽としてだけハリウッド映画を受容しているが、ユダヤ・キリスト教の影響が強い国では、映画で示される物語が、信仰と結びつき、より重い意味をもつことになる。

「創世記」の物語では、バベルの塔の話でも、ノアの箱船の話でも、そして、カインとアベルの話でも、父なる神の圧倒的な力が強調される。神は、人間がその分際を超えて思い上がった行動に出たり、腐敗堕落したときには、人類を根こそぎ崩壊へと導く。また、その愛情の対象はかなり恣意的で、気ままにも思えるが、愛されない者の恨みや妬みにもとづく行動を許さない。そこにも、父なる神の絶対性が示されている。

　こうした神観念は、ユダヤ・キリスト教に特有なもので、日本的な神観念とは対極にある。イスラム教でも、『コーラン』では、「慈悲ふかく慈悲あまねきアッラーの御名において」という形で神の慈悲深さがくり返し強調されており、「創世記」とは異なる神観念が示されている。

ユダヤ教徒であっても、キリスト教徒であっても、知識階級でなければ、旧約聖書を深く読み込んでいるわけではない。むしろ、大衆に対しては聖書を読むことは禁じられてきた。しかし、映画なら、どの階層の人間もそれに接する。その点で、アメリカの映画は宗教的な機能を果たしているとも言える。そうした映画にくり返し接していれば、ユダヤ・キリスト教的な理解や解釈の枠組みを受け入れ、それを共有していくことになるのである。

「タイタニック」のディカプリオは自己保身に走った

ノアの箱船の物語に通じるものが、世界的に大ヒットしたレオナルド・ディカプリオ主演の「タイタニック」である。タイタニック号の悲劇は、これまでもくり返し映画化されてきたが、1997年に製作された「タイタニック」には特徴があった。

従来のタイタニック号の悲劇を扱った映画では、乗員や乗客たちが示す毅然とした自己犠牲の精神がエピソードとして描かれてきた。ところが、1997年製作の「タイタニック」では、乗員にしても、乗客にしても、自らの命をひたすら守ろうとするだけで、他者を救おうとはしない。もっとも毅然としていなければならない船長でさえ、沈没が間近に迫っている状況のなかで、茫然自失として、自殺同様に襲いかかる波に身を委ねてしまう。

主人公２人の場合にも、自分たちの命を守るために必死に逃げるだけで、他者を助けることはない。他者を犠牲にしてまで、自分たちが生き残ろうとするわけではないが、２人が、他者を助けるか、自分たちが助かるか、二者択一の場面に遭遇し、葛藤する場面もいっさい登場しない。

観客の多くは、これを「愛の映画」として受けとっていた。だが、冷静に全体を見てみれば、これは、自己保身に走る醜い人間の姿を徹底して描いた作品にほかならない。これこそ、ノアの箱船の現代版である。「創世記」の物語でも、助かるのはノアの家族のみで、他の人類は犠牲になる。その点で、両者の物語には共通性がある。そして、自分の会社が破綻の危機にあるにもかかわらず、平然と巨額のボーナスを貰うことに躊躇しないアメリカの企業家の姿にも重なってくるのである。

１９８９年にベルリンの壁が崩壊し、東側の社会主義、共産主義の体制が崩れるまで、東西の冷戦が続いたが、西側の自由主義の世界に生きる人間にとって、とくにアメリカや西ヨーロッパでは、西側は絶対の善を、東側は絶対の悪を体現する世界として、二元論的に解釈されていた。この善と悪とを明確に区別する二元論も、ユダヤ・キリスト教の世界観の特徴の一つであり、東側の共産主義者は、悪魔の手先としてとらえられた。そこにも、宗教的な世界観の強い影響があった。だからこそ、東側の世界に対する恐怖と憎しみはより強いものになったのである。

神の怒りを感じた強欲資本家たち

冷戦構造の崩壊以降は、政治よりも経済の比重が重くなり、共産主義者を悪魔の手先としてとらえる傾向は薄らいだ。けれども今度はユダヤ・キリスト教的な世界観は、経済の世界で重要な役割を果たすこととなった。それが、100年に1度の金融危機という必ずしも事実とは言えない認識を生み、それを広めた。そして、危機に直面した企業家たちは、ノアの箱船に殺到するカルト的な宗教の信者のような行動をとったのである。

宗教においては、必ずしも金儲けは否定されていない。「出エジプト記」に出てくる基本的な戒律、「モーセの十戒」でも、金を儲けること自体は戒めの対象になっていない。しかし、物を盗むことは、人を殺すことなどとともに、戒めのなかに含まれている。それは、不当な金儲けを戒めることにも通じる。

現代の経済や金融の先頭に立って膨大な金を儲けている企業家や資本家たちは、どこかで自分たちが神の教えに背く不正な行為をしているという認識をもち、そこに自責の念を感じていたのかもしれない。その点で、神の怒りが自分に向けられることを恐れ、その分、世の終わりの到来を意識せざるを得なかった。その意識があるからこそ、１００年に１度の経済危機、金融危機ということばに飛びつき、世界が崩壊するかのような恐れを抱いた。

しかし、彼らには、世の終わりを前にして、そこから救済してくれる箱船に殺到するしか手段がなかった。たとえその姿が醜いものであったとしても、ほかに危機を乗り越える物語を知らない以上、そうせざるを得なかったのである。

第3章

資本主義を生んだキリスト教の禁欲主義とその矛盾

ピュウリタンと資本主義の関係を喝破したマックス・ヴェーバー

「神観念」は欧米社会のフレームワーク

第1章と第2章で見てきたように、欧米のキリスト教圏、とくにアメリカの人々のなかには、ユダヤ・キリスト教を背景とした宗教的な観念、宗教的な世界観が根強く浸透している。深刻な危機が到来したときには、それを終末論的に解釈する心理的な枠組みが形成され、それが実際に機能している。

もちろん、そうした宗教的な解釈が、直接そのままに表面化するわけではない。経済学者や経済政策の専門家、あるいは企業家が、リーマン・ショック後の事態をさして、世の終わりが近づいている証としてとらえたわけではない。だが、実際以上に危機を深刻なものととらえ、それに恐怖するところには、終末を恐れ、その怒りの表現として終末を引き起こす強大な力をもつ神への恐れが示されている。

アメリカの場合には、近年、キリスト教の信仰が復興している。プロテスタントの宗派のなかに、福音派というものが存在するが、その源流は、近代においてキリスト教の信仰を蘇らせ、人々に回心を迫った信仰覚醒運動、「リバイバル」に遡る。福音派では、回心や伝道を重視するとともに、聖書を信仰の中心におき、そこに記されたことを文字通りの事実として信じようとする。その点で、原理主義的な傾向をもち、信仰内容は保守的で、右派的である。福音派は、妊娠中絶や同性愛の容認に反対し、ロナルド・レーガンやブッシュ父子といった共和党の大統領を誕生させる有力な支持基盤ともなった。こうしたキリスト教右派の信仰は、アメリカの中西部に広がっている。

ただし、同じアメリカでも、東海岸や西海岸の大都市部では、むしろ宗教や信仰が社会的な影響力を失う「世俗化」が進行し、キリスト教離れ、教会離れが進んでいる。教会への出席率が低下し、キリスト教徒としての自覚をもつ人間の割合も減少している。日本も含め、先進国のとくに大都市部においては、どこでも世俗化の傾向が見られ、強固なキリスト教国であるはずのアメリカもそれに無縁ではない。

世俗化が進んでも、個人の内面にあって、社会的にも共有されてきた基本的な宗教観や世界観については、急速には変化していかない。欧米の社会に生きている限り、ユダヤ・キリスト教の神観念からまったく離れることは難しい。それは、社会や文化の隅々にまで浸透しており、経済の領域にかんしてもまた、その影響を免れられないのである。

発表当時には驚きだった『プロ倫』

キリスト教の信仰と、資本主義の形成とのあいだに密接な関係があることを示したのが、ドイツの社会学者であり経済学者であるマックス・ヴェーバーであった。ヴェーバーは、『プロテスタンティズムの倫理と資本主義の精神』（大塚久雄訳、岩波文庫）という本のなかで、キリスト教の禁欲思想が、それと対極にあってひたすら営利を追求する資本主義の形成に決定的な影響を与えたことを論証しようと試みたのである。

ヴェーバーは、1864年にプロイセン王国のエルフルトに生まれた。日本では幕末の時代に相当する。エルフルトは、現在のドイツ、テューリンゲン州の州都である。ヴェーバーは、ハイデルベルク大学やベルリン大学で法学や経済史を学んで博士の学位を得てからは、フライブルク大学と母校のハイデルベルク大学で教鞭をとった。ただし、30代の終わりに精神を病み、大学を辞職している。

ヴェーバーが、『プロテスタンティズムの倫理と資本主義の精神』を執筆したのは、その病が癒えてからのことで、彼はその時点でまだ40歳にしかなっていなかった。この本は、日本では『プロ倫』という略称で呼ばれることが多いが、ヴェーバーが学者としてはまだ年齢が若かったときの著作だけに、主張は大胆で、他の研究者の研究を詳細に批判するなどかなり論争的な書物になっている。

他の研究者への批判は、主に注の部分で展開されており、注の分量は本文に比較しても相当に多い。とくに、同年代で、ともに『社会科学・社会政策雑誌（Archiv für Sozialwissenschaft und Sozialpolitik）』の編集に携わるヴェルナー・ゾンバルトの学説に対しては徹底的な批判を行っており、読後には、その部分が強く印象に残る。次々と論争相手を論破していくヴェーバーのやり方は、学術的な批判をどのように行えばいいかを教示してくれるものであり、私も大学院時代には、それに大いに感化された。研究者がいかに論争を仕掛けるか、その方法を学ぶ上でも、このヴェーバーの著作は必読書である。

ヴェーバーは、『プロ倫』を、「さまざまな種類の信仰が混在している地方の職業統計に目をとおすと、通常つぎのような現象が見出される」ということから書きはじめている。それはドイツのカトリックのあいだで論議になっていることだが、近代的企業の資本家や企業家、上層の熟練労働者、技術や商業の訓練を施された従業員は、「いちじるしくプロテスタント的色彩を帯びている」というのである。つまり、当時の資本主義社会の最先端に立って、社会をリードしている専門的職業人には、カトリックではなく、プロテスタントの信仰をもつ人間が多かったのだ。

この指摘は、『プロ倫』全体の論旨にかかわる。ヴェーバーは、キリスト教の信仰のなかでも、カトリックとプロテスタントを明確に区別し、プロテスタントが資本主義に親和的であることを指摘した上で、なぜそうした事態が起こったのかを論証していく。それによって、資本主義の精神がいかにして誕生したのかを跡づけようとしたのである。

『プロ倫』が広く、また長く読まれてきた結果、こうした議論は決して奇異な目で見られることはないが、考えてみるとそれはかなり意表をつく議論である。資本主義の主要な目的は利潤を追求することにある。つまり、金儲けが目的になるわけだが、一方、プロテスタントの信仰においては、利潤の追求や金儲けとは正反対の「禁欲」が奨励されるからである。

日本でも、企業人のなかにキリスト教の信仰をもつ人間はいる。欧米ともなれば、企業人のほとんどはキリスト教徒かユダヤ教徒である。その点で、経済と宗教の世界は相対立するものではないはずだが、日本人のなかには、宗教は本来、金儲けを追求するような現世的なものであってはならないという考え方がある。ことさら現世利益を追求する宗教については、その価値を高く評価しない。ヴェーバーの議論は、そうした宗教に対するとらえ方を覆し、むしろ、キリスト教の倫理のなかから資本主義の精神が生み出されてきたことを示そうとしたのである。

「聖」と「俗」を分離したキリスト教

ヴェーバーの具体的な議論について見ていく前に、カトリックとプロテスタントの違いについて見ていく必要がある。

イエス・キリストの死後の弟子となったパウロなどの力によって、キリスト教はユダヤ人の枠を超え、周辺の他の民族にも伝えられるようになる。それは、ローマ帝国の勢力下でのことで、最初キリスト教はローマ帝国の支配に抵抗し、そのために権力との対立を引き起こし、数多くの殉教者を出した。それでも、さまざまな民族を含み込んだローマ帝国を一つに統合する宗教として、やがては国教の地位を与えられる。

この出来事は、キリスト教を世界宗教として発展させることに大きく貢献するが、一方で、キリスト教自体の性格を根本的に変容させることにもなった。イエスは、当時のユダヤの政治体制や宗教のあり方に対して強い批判をもっており、それを行動で示した。だからこそ、十字架に掛けられて殺されたわけだが、その死と復活に対する信仰を核に誕生したキリスト教がローマ帝国の国教としての地位を確立することは、体制批判の要素を払拭しなければならないことを意味した。

国教化されて以降のキリスト教は、権力を批判する反抗的、反体制的な宗教としてではなく、権力を擁護し、その権威を支える体制的な宗教としてローマ帝国全体に広がり、受容されていく。その際には、世俗の領域と宗教の領域とが明確に区別され、キリスト教会はもっぱら宗教の領域のみにかかわることとなった。そうしたあり方を正当化したのが、新約聖書のなかにあるイエスのことば、「カエサルのものはカエサルに、神のものは神に」であった。カエサルとはローマ帝国の皇帝を意味する。

キリスト教という宗教の一つの特徴は、こうした聖なる領域と世俗の領域を区別するところにある。フランスの社会学者で、ヴェーバーと並び称されるエミール・デュルケムは、『宗教生活の原初形態』(古野清人訳、岩波文庫)という書物のなかで、宗教の定義を試み、聖なる領域と世俗の領域との明確な区別に宗教の特徴を見出していくが、こうした宗教の定義は、一見普遍的なものであるように見えて、実はキリスト教的なのである。

実際、キリスト教を生んだユダヤ教や、その影響を受けて成立したイスラム教には、必ずしも聖なる領域と世俗の領域との明確な区別は存在しない。とくにそれはイスラム教においで顕著である。その点がもっともよく現れているのが、宗教の専門家、指導者についてのとらえ方で、キリスト教には聖職者という存在が確立されているが、イスラム教にはそれが存在しないのである。

聖職者をたんに、それぞれの宗教について深い知識をもち、一般の信者を指導する立場にある人間としてとらえるならば、イスラム教にも、「ウラマー」と呼ばれる存在がいて、それを聖職者として考えることはできる。しかし、同じ聖職者であっても、ウラマーはキリスト教の聖職者とは性格を根本的に異にしている。イスラム教のウラマーは妻帯し、家族をもつことができるが、キリスト教のとくにカトリックや東方教会の一部（ギリシア正教）の聖職者の場合には、生涯独身の誓いを立てなければならず、妻帯したり、家族をもったりすることはない。

生涯独身である誓いを立てることは、「出家」することであり、世俗の世界を捨てて、すべてを信仰の世界に捧げることを意味する。私たち日本人は、自分たちにとって一番身近な仏教において、出家という考え方が存在することから、それがどの宗教にもあてはまるかのように考えがちだが、実は、出家の存在する宗教は限られている。仏教とキリスト教のカトリック、東方教会にしか出家という制度は存在せず、出家者もいないユダヤ教もイスラム教と同様で、指導者であるラビは妻帯する。

東方教会は、カトリックやプロテスタントと並ぶキリスト教の三大潮流の一つである。その起源は、395年にローマ帝国が東西に分裂したときに遡る。東ローマ帝国では東方教会が権威を確立し、西ローマ帝国では後にカトリックとなるローマ教会が支配的な宗教となる。両者が決定的に別れたのは、相互の典礼や制度に大きな隔たりが生まれ、それが修正不可能になった時点においてで、それぞれの教会制度の頂点に立つ東のコンスタンティノープル総主教と西のローマ教皇とは相互に相手を破門した。

ローマ教会と東方教会に共通するのが出家の制度で、ローマ教会では、司祭や修道士(女)には生涯独身であることを誓う「終生誓願」が課せられる。それに対して、東方教会では、独身の主教と妻帯し家庭を持つ司祭の2つの種類が存在している。その点では、独身の聖職者が存在するカトリックと存在しないプロテスタントの中間的な形態をとっている。

当面の議論では、東方教会についてふれる必要はないので、もっぱらカトリック＝ローマ教会とプロテスタントについてふれるが、カトリックでは、出家の制度が確立されることで、教会は世俗の世界の外側に位置することとなった。それは、カトリックの教会に独自な権力を与える方向に作用する。カトリックでは、聖職者と一般の信者とは決定的に区別されるのに対して、出家した聖職者の存在しないプロテスタントでは、両者の立場は接近している。

「原罪」が「禁欲」を生んだ

ヴェーバーは、こうしたカトリックとプロテスタントの違いを踏まえた上で、資本主義とプロテスタントの親和性について指摘している。その際に彼が注目したのが、キリスト教の信仰において極めて重視されている禁欲という要素だった。

キリスト教で禁欲が奨励されるのは、「原罪」の観念が存在するからである。原罪の観念は、エデンの園におけるアダムとイブの物語に遡る。「創世記」では、イブは蛇に誘惑され、彼らを創造した神が食べることを禁じた善悪を知る木の実を食べたことで、神の怒りをかい、永遠の楽園を追放されるとともに、生きていくための糧を得るために労働することを強いられ、死を運命づけられた。

この物語自体は神話的なもので、明確に原罪の観念が語られているわけではない。ただしキリスト教では、イブを誘惑した蛇は悪魔であり、イブは誘惑に負けることで性的な欲望を知ったと解釈され、イブと、さらにそのイブに誘惑されたアダムの行為は原罪と見なされる。この原罪の観念は、ユダヤ教では発達しておらず、キリスト教に独自なものである。

人間は神の意志に背き、それによって堕落した。その堕落から救われるためには、性的な欲望を断ち切る必要がある。キリスト教の聖職者に生涯にわたる独身の誓いが求められるのも、こうした原罪の観念が存在し、世俗の世界を超えた神聖性を獲得するには、性的な欲望から自由でなければならないと考えられたからである。

ヴェーバーは、出家した聖職者が実践する禁欲を「世俗外的禁欲」としてとらえ、一方で、出家していない一般の信者が世俗の社会で生活しながら実践する禁欲を、「世俗内的禁欲」としてとらえ両者を区別した。そして、資本主義の精神の誕生を、この世俗内的禁欲と関連させることで説明しようとした。

『プロ倫』における記述では、まず、資本主義の精神について説明され、次に、それを世俗内的禁欲に結びつけたルターの「天職」の概念について述べられている。その上で、世俗内的禁欲がいかなるもので、それがどういうプロセスを経て資本主義の精神を生む母体となったのかが説明されている。ただし、ここではまず世俗内的禁欲についてふれ、その上で天職の概念を説明し、それがいかにして資本主義の精神の形成に結びついていったのかを説明していきたい。

神によって救済される「予定説」

ヴェーバーは、世俗内的禁欲の立場をとるプロテスタンティズムの潮流として、カルヴィニズム、敬虔派（パイエティズム）、メソジスト派、そして洗礼派運動の４つをあげるが、もっとも重要視されるのがカルヴィニズムであり、論述はそれを中心に展開される。

カルヴィニズムは、16世紀の宗教改革の時代に生まれた特異な神学の体系であり、独特な救済論を確立した。宗教改革は、それまでローマ教会の教えが支配的な役割を果たしていた西ヨーロッパで起こった宗教の革新運動で、そこからプロテスタントの諸宗派が生み出され、カトリックとは異なる道を歩み出すことになる。

宗教改革のきっかけは、ドイツの修道士だったマルティン・ルターが、ローマ教会が発行していた贖宥状《しょくゆうじょう》を厳しく批判したところにはじまる。ローマ教会では、教会が信者に与える救済の手段として７つの「秘蹟」が定められている。そのなかには、洗礼や婚姻も含まれるが、信者が聖職者に対して罪を告白し、懺悔する機会が「告解」である。ただ、告解だけでは罪を免れることができないとされ、信者は償いを求められた。その償いを軽減するのが贖宥状であり、教会はそれを販売した。ルターは、そうした教会の金儲け主義を宗教的な堕落としてとらえ、鋭くそれを批判したのである。

そこから宗教改革の動きが生まれるが、ルターをはじめとする宗教改革家は、教会の権威や権力を認めない代わりに神の絶対性を強調した。ルターの場合には、ラテン語でしか読めなかった聖書を自国語のドイツ語に翻訳したり、賛美歌を奨励するなど、信仰の形態を民衆の側に近づける努力を行った。一方、カルヴィニズムの提唱者となったフランス生まれでスイスのジュネーブで活動したジャン・カルヴァンの場合には、神の絶対性を強調する神学を確立し、同時代や後世に強い影響を与えた。

ヴェーバーがカルヴィニズムに着目したのは、16世紀から17世紀にかけて資本主義がもっとも発達した諸国であるオランダ、イギリス、フランスで、それが広まり、文化的な闘争の焦点になったからだった。

カルヴィニズムの中心的な教義となるのが、「恩恵による選びの教説」、いわゆる「予定説」である。予定説は、神という存在が現実の世界をはるかに超越し、全能の力を有していることを強調するところに生まれるもので、神によって救済される人間は、あらかじめ定められていることが前提にされている。

個人が救われるかどうかがあらかじめ定められているとするなら、たとえ善行を積んだとしても、その運命を変えることはできない。救われるべき人間は何をしても救われ、そこから外れてしまえば、いくら努力をしても救われない。しかも、自分が救われる運命にあるのか、その反対なのか、個々の人間にはわからない。それが予定説であり、恩恵による選びの教説である。

「天職」が堕落を防ぐ

人間が神の意志を知ることができるなら、神は人間に近い存在となり、神の超越性は失われてしまう。予定説は、神の意志を知り得ないものと措定することで、神の超越性、絶対性を担保し、それを強調する。しかし、そうなると、地上における人間のあらゆる努力は無意味なものになる。なかには虚無的な思想をもち、自暴自棄になって自堕落な生活に陥る者も出てくるはずである。自分が救済を予定されていないなら、いかなる努力もむだだ。逆に予定されているのなら、何も努力する必要はない。そうなれば、どんな生活を送っても同じで、安楽な方向へ流れようとする人間も出てくることになる。

ヴェーバーは、そうした方向に人間が堕落していくことを妨げる考え方として、ルターが説いた「天職」という職業観念を持ち出してくる。

天職とは一般に、個人にもっともふさわしいやりがいのある職業の意味で使われる。ヴェーバーは、本来職業を意味するドイツ語のベルーフ（Beruf）や英語のコーリング（calling）には、神から与えられた使命という宗教的な観念がこめられていると指摘している。しかも、天職に相当するようなことばは、プロテスタントの優勢な民族のあいだには必ず存在するが、それ以外の地域、カトリックが優勢な地域や古代の社会には類似のことばを見いだすことができないというのである。

日本はプロテスタントの社会ではないが、天職ということばが存在し、自らが実践する職業を、本人にとってかけがえのないものとしてとらえる視点が確立されている。そこには儒教の影響があり、天職は人格の向上や涵養と深く結びついている。ただし日本の社会では、絶対的な神への信仰が確立されていないために、神から与えられた使命としてまではとらえられてはいない。

ルターは、旧約聖書のなかには含まれないが、それと近い性格をもつ外典の一つ、「ベン・シラの知恵」を翻訳していくなかで、神から与えられた使命としての天職ということばを発見した。しかし、ルターは、この天職についての考え方をキリスト教における禁欲の考え方と結びつけ、世俗内的禁欲という生活態度を生み出すまでにはいたらなかった。それを生み出したのは、カルヴィニズムや、その影響から生まれたイギリスのピュウリタニズムだった。

神のための労働

ヴェーバーは、ピュウリタニズムの代表的な著作家として、リチャード・バックスターを取り上げる。バックスターは、『聖徒の永遠の憩い』という書物のなかで、世俗の世界における禁欲の手段としての労働の意義を説いた。ピュウリタニズムにおいては、修道士に近い形で性的な禁欲が求められている。たとえ夫婦であったとしても、性行為は、「産めよ、増えよ」という神からの命令を実行するためだけに許される。そして、性的な誘惑を乗り越えるためにも、天職である労働に励むことが説かれた。

ヴェーバーは、労働が、「神の定めたまうた生活の自己目的なのだ」と述べており、注釈のなかでは、それに関連する宗教家や教団のことばを引用している。それは、「ひとは生きるために労働するだけでなく、労働するために生きているのだ」といったものや、「不精者あるいは怠け者は、キリスト者となって救われることはできない」といったものである。

つまり、個人のうちに、労働に対する意欲があるかどうかが、その人間が「恩恵の地位」を確保している、つまりは救済を予定されている証として解釈されることになる。救われている者はひたすら労働にうちこむが、救われていない者は怠惰になる。そこからは、享楽に流れることなく労働に励むことこそが、自分が救済を予定されている何よりもの証であるという考え方が生まれる。バックスターは、「神のためにあなたがたが労働し、富裕になるというのはよいことなのだ」とさえ述べている。ここにおいて、金儲けということが宗教的に正当化された。それが、資本主義の精神の成立に結びついていくのである。

ヴェーバーは、こうしたピュウリタンの天職観念や禁欲的生活態度の推進が、資本主義的な生活様式の発展に対して直接的な影響を及ぼしたとして、両者の密接な関係を強調する。この禁欲の対極にあって、その敵となるのが「享楽」であった。ヴェーバーは、貴族が遊技に興じたり、庶民が踊りや酒場に出掛けていくのは、どちらも職業労働や信仰を忘れさせる衝動的な快楽であり、合理的な禁欲の敵とされたことを指摘している。

しかも、ピュウリタンが敵視する享楽のなかには文化や芸術までが含まれる。ピュウリタンは、学問こそ尊重したものの、それ以外の文学や感覚芸術に対しては禁欲に反するものととらえた。春の到来を祝う民間の習俗である「メイ・ポール」や教会の行事、さらにはクリスマスさえ憎悪の対象としたのだった。

クリスマスが憎悪されたというのは意外な話に思えるかもしれない。だが、新約聖書ではイエス・キリストが生まれた日について特定されておらず、それが祝祭となったのは、ヨーロッパにおける冬至の祭りと習合したからだった。つまり、クリスマスは「異教」の土着的な習俗の側面をもち、ピュウリタンはそれを嫌った。ピュウリタンの影響が強いアメリカでは、長い間、クリスマスを祝う習慣は定着しなかった。

「禁欲」が資本の蓄積を生む

プロテスタンティズムの世俗内的禁欲は、享楽を否定し、奢侈的な消費を嫌悪した。しかし、一方で重要なのは、財の獲得を倫理に反するものととらえる伝統的な価値観から解き放ち、利潤の追求が合法化されたことである。むしろ利潤の追求は神の意志に沿うものととらえられた。そして、禁欲的な節約が強制され、獲得した財産を消費にまわすことが阻止された結果、資本の形成という事態が起こり、それが資本主義の精神を発展させる基礎となっていく。プロテスタンティズムの倫理と資本主義の精神が親和的なのも、これが原因である。

ヴェーバーがもう一つ指摘しているのは、世俗内的禁欲の結果、いったん資本主義の精神が形成され、資本の蓄積という事態が起こると、資本の蓄積が自己目的化され、神の意志に従って生きようとするプロテスタンティズムの倫理が失われていくという点である。この時点で、資本主義の精神は宗教の世界から離脱していくことになる。

ヴェーバーは、『プロ倫』の最初の部分で、アメリカの独立に大きく貢献したベンジャミン・フランクリンの「時間は貨幣だ」ということばを引用し、それを資本主義の精神のあらわれとしてとらえている。ただし、フランクリンのなかではすでにピュウリタン的な禁欲の倫理は失われている。フランクリンの道徳観を表現したものに、「フランクリンの13徳」というものがあるが、そこでは節制や節約、勤勉の必要性は説かれているものの、神の栄光を増すために世俗内的禁欲を続けるという宗教的な目的は示されていない。

『プロ倫』におけるヴェーバーの議論が注目に値するのは、カルヴィニズムやピュウリタニズムに見られる禁欲的な姿勢が、それとは対極にあるように見える資本主義社会における利潤追求と親和的で、むしろ禁欲が資本の蓄積を生んだことを論証したことにある。

ピュウリタニズムとユダヤ教の共通性

ただし、ヴェーバーの議論の展開の仕方は精緻で論争的な分、難解である。細かな証拠を積み重ねることによって、論証を進めていったものであるだけに、果たしてその議論が妥当なものなのか、解釈に恣意的な部分はないのか、問題点を探していけば、いくらでもそれを指摘できる。簡単に言ってしまえば、「風が吹けば桶屋が儲かる」式の議論なのではないかという疑問がわいてくる。

ヴェーバーは、厳格なカルヴィニズムの支配がわずか7年しか続かなかったオランダで、真剣な信仰の持ち主が巨大な富を稼ぎ出していながら、簡素な生活に甘んじ、それが資本の蓄積に大いに貢献したことを指摘している。そこに、カルヴィニズムと資本主義の精神との直接的な関連を見出そうとしているが、莫大な富を築き上げた人間が享楽に溺れず、質素な生活をしている例は、日本でもいくらでも見られる。果たしてそれは、プロテスタンティズムに特有なことなのだろうか。

しかし、そうした問題点はあるにしても、ヴェーバーの議論は、経済と宗教との関係について重要な問題提起になっている。人間のもつ宗教的な情熱には相当に過激なものがあり、それは極限的なものを志向していく。そして、信仰をもつ人々の生活を規定し、規制する。通常なら、金が儲かれば、それを消費にふりむけ、奢侈な生活を送るようになるが、そこに、消費や奢侈を嫌悪する宗教的な信仰が介在すると、そうした欲望は阻止される。ただ自分の生活をよくしたいということであれば、膨大な資本を蓄積するほど働く必要はない。適度に働き、適度に消費していれば、それで豊かな生活は実現する。ところが、禁欲主義の方向にむかおうとする人間は、むしろそこに喜びを見出すのである。

ヴェーバーは、資本主義の精神が確立され、資本の蓄積が進んでいくことで、それを生む推進力となった世俗内的禁欲の倫理が失われていくことを指摘した。しかし、そうした信仰的な態度が、プロテスタンティズムが広まった地域において一掃されてしまったわけではないし、社会の底流には生き続けている。

たとえば、今回の金融危機が起こった際に、「強欲なウォール街（Greedy Wall Street）」や「強欲資本主義（greedy capitalism）」といったことばが行き過ぎた金融資本主義を批判する有力な見方として浮上した。ここで言われる強欲とは、まさに禁欲的な態度の対極にあるものである。金融危機は、禁欲主義を捨て去ったことへの反省を促した面がある。また、だからこそ、金融危機を終末論的にとらえ、それを恐怖する心情を生み出したとも言える。自分たちが実は強欲なのではないかと意識したときに、世俗内的禁欲の倫理が蘇ったのである。

ただし、ヴェーバーの議論に対しては、それが発表された当初からさまざまな批判が寄せられた。その代表が、ヴェーバーとは近しい関係にあったヴェルナー・ゾンバルトである。彼が『プロ倫』に先立って１９０２年に刊行した『近代資本主義』という書物においては、資本主義の精神を生んだ主体として、カルヴィニストやピュウリタンではなく、ユダヤ人が想定されていた。

ユダヤ人が、経済界、とくに金融の分野において、今日でも大きな影響力を行使していることについてはすでに指摘した。キリスト教は、商業活動や金融について禁欲的で、それを全面的には肯定しない。中世のキリスト教では、商売上の競争は好まれず、店舗を綺麗にするとか、広告をすることも禁止された。神の創造に依らない利子も禁止されていた。利子の禁止は、今日でも、イスラム教において見られ、それがイスラム金融を生むことに結びついたが、シェークスピアの『ベニスの商人』に登場する金貸しのシャイロックがユダヤ人として設定されているのも、こうしたことが関係する。

キリスト教徒ではないユダヤ人は、そうした規制や倫理から根本的に自由であった。そのため、積極的に営利活動に邁進することができた。ゾンバルトは、こうしたユダヤ人の現実肯定的な姿勢のなかに資本主義が胚胎したととらえ、オランダやイギリスといった資本主義が勃興する地域にユダヤ人が流入したことが、その原因になったという説を展開した。

『プロ倫』は、このゾンバルトの著作の後に刊行されており、ヴェーバーは、ゾンバルトに触発されて、プロテスタンティズム、ピュウリタニズムに資本主義の起源を見出そうとした。ユダヤ人かそれともプロテスタンティズムか、ゾンバルトとヴェーバーの議論は分かれるが、ゾンバルトは、その後1911年に刊行した『ユダヤ人と経済生活』（金森誠也監修・訳、安藤勉訳、荒地出版社）という本のなかでは、自分とヴェーバーの2つの説を統合して、「ピューリタニズムはユダヤ教である」と言い切り、「資本主義の精神の形成にとって実際に意味があったように思われるピューリタンの教義の構成要素のすべてが、ユダヤ教の理念圏からの借り物であった」という解釈を行った。

本書ではすでに、ユダヤ教とキリスト教が、旧約聖書の、とくに最初の部分、「創世記」などを共通の聖典とし、そこに記された物語や神観念を共有していることを指摘した。ピユウリタニズムは、神が唯一の存在で、それが絶対性をもつことを強調する点で、ユダヤ教への回帰であると見ることができる。ゾンバルトは、そこからピュウリタニズムとユダヤ教の共通性を導き出し、彼とヴェーバーの議論が決して相矛盾するものではないことを示そうとしたのである。

恋愛と贅沢と資本主義

ゾンバルトが、さらに翌年の1912年に刊行した『恋愛と贅沢と資本主義』（金森誠也訳、講談社学術文庫）は、今日的な観点からすると興味深い書物である。ゾンバルトはそのなかで、禁欲とは正反対の奢侈に資本主義が形成される原動力を見出そうとした。ヨーロッパの宮廷では、舞踏会などがくり広げられるとともに、正規の婚姻関係を外れた恋愛が実践された。こうした舞踏会や恋愛を華々しく飾りたてるには豪華な衣装や贈物などが必要で、そうした奢侈品の原材料は植民地に求められた。そのため貿易に従事する新たなブルジョア階級が台頭し、それが都市における資本主義の形成に結びついたというのである。

ゾンバルトは、そうしたプロセスを具体的な商品に即して説明していく。宮廷文化においては、女性が男性たちの崇拝の対象となるが、女性が優位に立つと、彼女たちが愛用する砂糖が嗜好品となり、それにともなってコーヒー、ココア、紅茶といった興奮をもたらす飲み物が広く愛用される。そうなると、新たな商業が勃興する。ヨーロッパ各国の植民地におけるココア、コーヒー、砂糖の生産やヨーロッパ内部におけるココアの加工、あるいは粗糖の精製が、資本主義を発展させるうえで大きな役割を果たすことになったというのである。

消費が活発化した今日の観点からすれば、こうしたゾンバルトの資本主義が形成されるプロセスについての研究は非常に興味深い内容をもっている。現代の高度な資本主義においては、バブルの発生とその崩壊がくり返されているが、バブルが生み出されるなかで、奢侈や贅沢に流れる消費がその牽引役になってきた。たしかに、倹約や節約は資本の蓄積には結びつくが、それは消費の対極にある。高度資本主義社会をリードする消費を活発なものにするためには、禁欲はむしろ足枷となってしまうのである。

第4章

市場原理主義と「神の見えざる手」

picture alliance/アフロ

アダム・スミスの主張は、神を信じる人々によって支持された

失敗に終わった小泉＝竹中改革

金融危機が発生して以来、さかんに「市場原理主義」ということが言われるようになった。金融危機を引き起こしたのは、市場の調整機能に絶対の信頼をおき、その機能を妨げるいかなる規制をも撤廃しようとする市場原理主義の主張が世界を席捲したからで、そこに大きな問題があったと指摘された。

日本でも、小泉純一郎政権のもとで行われた各種の改革、「構造改革」は、市場原理主義にもとづく規制緩和をその柱としていて、それによって、経済発展が続いたように見えたものの、それは輸出産業のとくに大企業のみを潤すもので、社会的な格差が拡大し、大きな問題を生むようになったという声が上がるようになった。その後の政権においては、市場原理主義からの決別が急務であると言われ、政権のなかには、それを大きな目標として掲げるところもあらわれた。

それにともなって、小泉政権のもとで、最初は民間人として経済財政政策担当大臣に就任した竹中平蔵に対する批判が巻き起こるようになった。竹中は、その後、金融担当大臣を兼任し、2004年の参院選で議員に選出されると、内閣府特命担当大臣（経済財政政策）・郵政民営化担当に就任し、最後は、総務大臣兼郵政民営化担当大臣として、小泉政権の最重要課題とされた郵政民営化の先頭に立って活躍した。竹中は小泉改革、構造改革の象徴的な存在であり、小泉政権が終焉を迎えてからは、もっぱら批判の対象となってきた。規制緩和を中心とした小泉＝竹中改革は、市場原理主義の典型的な悪例だというのである。

竹中が政権とかかわるきっかけとなった小渕恵三内閣時代の首相諮問機関、「経済戦略会議」の議長代理を務め、構造改革推進の旗頭の一人だった中谷巌は、２００８年に『資本主義はなぜ自壊したのか～「日本」再生への提言』（集英社インターナショナル）という本を出版した。中谷は、この本のなかで、アメリカ流の新自由主義を信奉して、市場原理主義を賛美し、構造改革に邁進した自らの姿勢に対して深く反省し、そうした立場からの決別を宣言した。この中谷の「懺悔の書」に対しては、賛否両論、さまざまな評価が下されたが、この本は、市場原理主義が支配的だった一つの時代の終わりを象徴している。

原理主義の由来

市場原理主義は、市場の調整機能に全幅の信頼をおき、市場の自由な活動を妨げているさまざまな規制を撤廃すれば、お互いの利害が自然に調整され、社会全体に利益がもたらされ、最善の結果が得られるという考え方である。英語では、“market fundamentalism”ないしは、“free market fundamentalism”と呼ばれる。後者は、自由市場原理主義と訳すことができる。

今日では、この市場原理主義ということばは、全世界的に広く使われるようになり、現在の資本主義のあり方を象徴する用語として理解されている。だが、このことばが使われるようになったのは、それほど昔からのことではない。このことばを最初に使いはじめたのは、ユダヤ人の著名な投資家で、オープンソサエティ研究所を創設してアメリカ流の自由主義を世界に広めようと活動するジョージ・ソロスだとされている。

ソロスは、１９９８年に刊行した『グローバル資本主義の危機――「開かれた社会」を求めて』（大原進訳、日本経済新聞社）で、この用語をはじめて用いているが、その際に、市場原理主義は、19世紀においては、「自由放任主義（laissez-faire）」と呼ばれていたと述べていた。なお、ソロスではなく、ほかの人間が市場原理主義を最初に使いはじめたという指摘もある。

最初に使いはじめた人間が誰かはともかく、市場原理主義ということばは、ごく最近になって使われるようになったもので、そこには資本主義をめぐる状況が大きな変貌をとげたことが象徴されている。本書の観点から強調しておく必要があるのは、原理主義ということばが、もともとは宗教のなかのある流れをさすものとして用いられてきた点である。多くの人たちは、原理主義ということばを聞いて、イスラム原理主義のことに思い至るであろう。

原理主義は、"fundamentalism"の訳語で、"fundamentalist"と言えば、原理主義者のことをさす。日本では、従来、原理主義よりも、「根本主義」という訳語が用いられてきた。近年では、原理主義ということばに、特定の教義やイデオロギーを絶対的に正しいものととらえ、それに徹底的に従おうとするニュアンスがあることから、テロを実践するような過激な集団に対して、原理主義の語が用いられることが多くなってきた。日本において、同じ英語に発する根本主義と原理主義は、その意味内容が異なる。根本主義の場合には、政治的な意味合いはなく、主に、それぞれの宗教の原点に回帰する立場をさしている。釈迦の時代の仏教が、「根本仏教」と呼ばれていたこともある。

キリスト教のなかの原理主義

原理主義はもともと、キリスト教のなかで、聖書に対して徹底して忠実であろうとする運動に対して用いられていた。イスラム教の原理主義が最初ではない。20世紀初頭のアメリカでは、キリスト教の信仰を復興させようとする動きが活発になり、そのなかから原理主義が唱えられる。そうした考え方をとる人々は、聖書に示された信仰へ回帰することをめざし、次の5つの点を強調した。

その5つとは、聖霊の力にもとづく聖書の無謬性への信仰、キリストの処女降誕への信仰、キリストの贖罪死への信仰、キリストの肉体を伴った復活への信仰、そして、キリストの奇跡の歴史的な真実性についての信仰からなっている。この5つの信仰は、キリスト教における信仰の核心に位置するもので、決して特殊なものではない。だが、それを改めて強調し、それに徹底して忠実であろうとするところにキリスト教原理主義の特徴があった。

問題は、このような信仰を堅持することが、現実の生活に対していかなる影響を及ぼすかである。聖書に文字どおり忠実であろうとすれば、この世界が神によって創造されたことを前提としなければならない。それは、進化論の否定につながる。実際、キリスト教原理主義者は、学校で進化論を教えることに反対し、神による創造を前提とした「創造科学」を教えるべきだと主張した。

また、「創世記」のなかに、神のことばとして、「産めよ、増えよ、地に満ちて地を従わせよ」という命令があることから、その教えに反する妊娠中絶に反対することも、キリスト教原理主義の特徴である。この考え方は、キリスト教のカトリックのなかにも根強いが、アメリカの原理主義者の場合、過激な考え方をとる人間は妊娠中絶を実行する産婦人科医を殺害するなど、実力行使に出ることもあった。

そもそも、聖書は古代に記されたもので、そこには古代社会における生活が反映されている。したがって現代の社会にはそのままでは適用できない部分が少なくない。ところが、原理主義者は、その点を無視し、あくまで聖書の記述に忠実であろうとする。そこで、原理主義の立場をとらない一般のキリスト教徒や世俗主義者と衝突することになる。

アメリカでキリスト教原理主義を信奉する人間には、必ずしも社会的、経済的に恵まれない立場にある下層の白人（プアー・ホワイト）が多く含まれている。原理主義の台頭は、資本主義の高度化に伴う格差の拡大と関係する。原理主義を信奉する人々は、レーガン政権など、右派的、保守的な傾向をもつ共和党の大統領を誕生させる重要な支持基盤ともなってきた。実は最近のアメリカでは「クリスチャン」という言い方があり、これは一般の人々がとくに強い信仰をもつキリスト教原理主義者をさすときに使われる。

イスラム教原理主義の台頭

1979年にイランでイスラム革命が勃発し、イスラム教の聖典である『コーラン』に記された教えに忠実であろうとする動きが生まれると、原理主義はイスラム教にも適用され、イスラム教原理主義ということばが広く使われるようになる。

聖典に対して忠実であろうとする点で、キリスト教原理主義とイスラム教原理主義は共通するわけだが、この2つの宗教は、ともにユダヤ教から発する兄弟宗教である。ただし、決定的なところで相違点があり、その点について理解しておく必要がある。それは後に、イスラム金融の問題を取り上げるときにもかかわってくるので、ここでイスラム教原理主義について説明しておく。

イスラム教では、その開祖であるムハンマド（マホメット）が、洞窟で瞑想していた際に、彼の前に現れた天使ジブリール（ガブリエル）を通して伝えられた神のことばをつづったものが『コーラン』であるとされている。この『コーラン』に次ぐ地位を与えられている聖典が、ムハンマドの言行録である『ハディース』である。この『コーラン』と『ハディース』に記されたことをもとに、イスラム教の信者であるムスリムが従うべき法として確立されたのが、イスラム法の「シャリーア」である。イスラム教原理主義者は、このシャリーアに忠実であろうとするところに特徴がある。

シャリーアは、神の定めた法であり、そこにはムスリムが従うべき社会規範が示されている。ただし、『コーラン』や『ハディース』に記されたことによって現実に起こるさまざまな問題を処理したり、規制、規定するのは難しい場合が少なくない。時代状況や生活のあり方があまりに大きく変わってしまったからである。

イスラム教の広まった国々では、シャリーアをもとに世俗の法律も定められているが、シャリーアをいかに解釈し、現実に適用するかの判断を下すのが、イスラム法学者の役割である。イスラム革命の目的も、このイスラム法学者による統治という理念の実現にあった。

1日5回の礼拝や断食、メッカへの巡礼といった、ムスリムに特有の信仰活動は、皆、このシャリーアによって規定されたことで、原理主義者はそれを忠実に実行することをめざす。女性が肌を露出せず、頭にスカーフをかぶって髪を隠すのも同様である。スカーフをかぶることは信仰の積極的な表明と見なされ、政教分離を徹底しようとするフランスやトルコなどでは、その是非が政治問題化している。

イスラム教原理主義過激派の場合には、現行の政治体制がシャリーアに反した政策を実施している点を強く批判し、シャリーアへの回帰を主張するだけではなく、異教徒による迫害を批判し、異教徒に対するテロを正当化する。その点で、一般のムスリムと対立する局面が生まれている。

イスラム教の信仰が広まった地域のなかには、キリスト教やヒンドゥー教、仏教といった他宗教が同時に広まっているところがあり、そうした地域においては、イスラム教原理主義の台頭が他の宗教を先鋭化させ、それぞれの宗教における原理主義の傾向を助長する方向に作用している。その結果、キリスト教原理主義、ヒンドゥー教原理主義、仏教原理主義の台頭を呼び、宗教対立をより激化させている。

「市場原理主義」と「神の見えざる手」

キリスト教原理主義やイスラム教原理主義などの運動が台頭し、顕在化したことで、原理主義ということばが一般に広まり、それがやがては経済の世界にも応用され、市場原理主義ということばを生むことにつながった。

ここで重要なことは、市場原理主義と宗教的な信仰との結びつきである。市場原理主義の根幹には、市場には「神の見えざる手」が働いているという考え方がある。

この神の見えざる手というとらえ方の提唱者は、イギリスの経済学者、哲学者で、「経済学の父」と称されるアダム・スミスであるとされている。神の見えざる手ということばを聞いて、スミスのことを真っ先に思い起こす人は少なくないだろう。

スミスは、スコットランドのカーコーディという街で関税監督官の子どもとして生まれた。スミスが生まれた時代には、すでにスコットランドはグレート・ブリテン連合王国（イギリス）に組み込まれていたが、もともとイングランドとは別の国であり、風土的にも大きな違いがあった。

スミスは、そのスコットランドのグラスゴウにあるグラスゴウ大学に進学する。この大学はイギリスで４番目に古い大学であったが、オックスフォード大学やケンブリッジ大学などとは異なり、中世的な伝統から解き放たれた自由で進歩的な学風を特徴としていた。

スミスがグラスゴウ大学で師事したのが、道徳哲学の教授だったフランシス・ハチスンである。ハチスンは、「最大多数の最大幸福」を最善とする考え方をもち、後のジェレミー・ベンサムにも影響を与えた。スミスは一時オックスフォード大学で学ぶが、やがてはハチスンの後を継いでグラスゴウ大学で道徳哲学の講座を担当する。したがって、1759年に刊行された彼の出世作は、『道徳感情論』(水田洋訳、岩波文庫)と題された道徳哲学についての講義録だった。

前の章の最後にふれたゾンバルトが指摘していたように、中世のキリスト教社会においては、競争ということが宗教的に戒められていた。ところが、資本主義が勃興していくにつれて、名誉や富を求めて競争が行われるようになり、それが激化するのにともなって正義の実現が難しくなった。スミスは、そうした時代背景を踏まえ、外側から規制を行うことなくいかにしたら最大多数の最大幸福が実現されるのか、その可能性を探ろうとした。その点で、スミスは師であるハチスンの考え方を受け継いでいた。

スミスが注目したのが、人間の「同感(Sympathy)」の能力である。スミスは、人間に同感の能力が備わっているからこそ、それぞれの人間が利己的な行動をとったとしても社会的な秩序が成り立つという考え方をとった。

それぞれの人間が利己的な行動を徹底的に追求すれば、社会秩序は乱される。それを防ぐには、各自が自己の行動や感情を抑制しなければならない。その際に、どこまでそれを抑制するかが問題になってくるが、スミスは、他人の同感が得られるかぎり利己的な行動が正当化されると考えた。ここでスミスに特徴的なのが、同感する他人を、一般的な人間ではなく、"impartial spectator"、つまりは「中立的な観察者」としてとらえた点である。スミスは、この中立的な観察者になるには、同感という行為をくり返し、称賛に値しないものと値するものを峻別する能力をもたなければならないとした。

ここで言われる中立的な観察者は、東洋の宗教、仏教や儒教などで説かれる悟りを開いた徳のある人物像に相通じるものをもっている。少なくともスミスは、それを現実の世界の外側にあって、そこに強い影響力を行使する神のような存在としてはとらえていない。

これは、神の見えざる手ということを主張したスミスの議論にはふさわしくない考え方のようにも思える。市場に神の見えざる手が働いているのなら、現実を超えた中立的な立場にあるのは神でなければならないのではないか。そうした疑問がわいてくる。

それでもスミスが、中立的な立場に立つ人間を同感の能力を通して社会的な秩序を守る存在としてとらえたということは、実は彼のなかに、神の見えざる手という考えがそれほど強くはなかったことを示している可能性がある。

「神の見えざる手」を巡る誤解釈

神の見えざる手を強調した書物とされているのが、『道徳感情論』の17年後、1776年に刊行された『国富論』である。『国富論』の原題は、“An Inquiry into The Nature and Causes of The Wealth of Nations”というもので、それは「国家の豊かさの本質と原因についての探究」と訳される。

『国富論』は全体が5編に分かれており、第1編から順に、「労働の生産性の向上をもたらす要因と、各階層への生産物の分配にみられる自然の秩序」、第2編「資本の性格、蓄積、利用」、第3編「国による豊かさへの道筋の違い」、第4編「経済政策の考え方」、第5編「主権者または国の収入」となっている。

各編のタイトルは、もっとも新しい『国富論』の翻訳（山岡洋一訳、日本経済新聞出版社版）によっているが、その巻末におさめられた解説で、経済学者の根岸隆は、現代経済学にあてはめるならば、第1編がミクロ経済学、第2編がマクロ経済学ないしは経済発展論、第3編が経済史、第4編が経済学説史ないしは経済思想史、あるいはスミス自身の経済政策論、そして第5編が財政学に相当するとしている。この内容からは、『国富論』がいかに包括的な経済学を志向するものであるかがわかる。

スミスは、この『国富論』において、見えざる手（invisible hand）に言及しているわけだが、それが第4編の第2章「国内で生産できる商品の輸入規制」の部分である。その部分を次に引用する。

「生産物の価値がもっとも高くなるように労働を振り向けるのは、自分の利益を増やすことを意図しているからにすぎない。だがそれによって、その他の多くの場合と同じように、見えざる手に導かれて、自分がまったく意図していなかった目的を達成する動きを促進することになる」（傍点は筆者）

スミスはここで、個々の人間が自らの利益を増すことを意図して利己的に行動していることを前提としている。ところが、だからといって、社会秩序が脅かされることはなく、むしろ、社会全体の利益が高まる方向に調整されていく。その調整の役割を果たすものが、見えざる手とされている。

スミスが『国富論』のなかで見えざる手という表現を使っているのは、この箇所だけである。しかもスミスは、見えざる手とは言っているものの、神の見えざる手とは言っていないのである。

スミスは、『国富論』では見えざる手としか言っていないが、それに先行する『道徳感情論』では、神の見えざる手と言っているという指摘がなされることがある。この『国富論』の解説でも、根岸は、「スミスの『見えざる手（invisible hand）』はあまりにも有名であるが、『国富論』では、『道徳感情論』の場合とは異なり『神（Providence）の見えざる手』という表現はない」と指摘をしている。この根岸の言い方からすれば、スミスは『道徳感情論』の方では、神の見えざる手と言っていたことになる。

しかし、これは誤りである。

『道徳感情論』でも、見えざる手については1度しか言及されておらず、それは、第4部第1篇においてである。翻訳では、invisible hand は見えざる手ではなく、「見えない手」と訳されている。そこを引用すれば、「かれらは、見えない手に導かれて、大地がそのすべての住民のあいだで平等な部分に分割されていたばあいに、なされただろうのとほぼ同一の、生活必需品の分配をおこなうのであり、こうして、それを意図することなく、それを知ることなしに、社会の利益をおしすすめ、種の増殖にたいする手段を提供するのである」となっている。ここでも、神の見えざる手という言い方はされていない。

この文章に続いて、根岸の言うProvidence（岩波文庫版では、「神慮」という訳語があてられている）ということばが登場する。このことばは、摂理と訳されることが多く、神の意志の現れを意味している。このProvidenceをその前に出てくる見えざる手と結びつければ、神の見えざる手ということばが導き出されることにもなるが、少なくともスミスは、神の見えざる手という表現を用いてはいない。

そもそもスミスは、『道徳感情論』を除けば、神について言及することはなかった。彼が師事したハチスンは、キリスト教で信仰される神を現世での幸福を実現してくれる恵みぶかい存在としてとらえることで、カルヴィニズムの立場をとるスコットランド教会と対立した。カルヴィニズムでは、第３章で見たように、神は絶対的で、きわめて厳格な存在と見なされ、その分恐れられていた。

スミスは経験論哲学のデヴィッド・ヒュームと親しく、彼をグラスゴウ大学に招こうとした。ところが、ヒュームの主張は神の存在を否定する無神論と見なされ、その点で厳しい批判を受けた。したがって、ヒューム招聘の試みは頓挫するが、こうした周囲の人間関係から考えても、スミスの宗教観は神の絶対性を強調するカルヴィニズムとは対極にあったと見るべきである。

神は市場に介入せず?

スミスの宗教観は理神論にもとづいている。理神論は、18世紀のイギリス、つまりはスミスの生きた時代に生まれ、フランスやドイツの啓蒙思想家に受け継がれた。理神論においては、神による創造や神が世界を動かす法則を定めたことは認められるものの、その後、神は背景に退いてしまい、人間の歴史には介入しないと考えられている。これは、神が創造後の歴史を含め、すべてを定めているとする原理主義的な宗教観とは大きく隔たっている。

理神論は神の力よりも人間の力を重視する点で、近代的な神観念であり、啓蒙主義や科学主義にふさわしい考え方であった。したがって、スミスが経済の仕組み、市場の原理について説明を加える際に、神の見えざる手が働いているという考え方を強調することは、むしろ考えにくいことだった。実際スミスは、神の見えざる手という表現を一度も使っていないし、見えざる手についても、後は初期の『哲学論文集』のなかで使っているだけである。しかもそこでは、経済現象とは無関係に、古代人が自然の背後に見えざる手を想定したとされているだけである。

見えざる手と言ったとき、その手がいったい誰のものなのかということが問題になる。市場全体を調整する力をもつ手ということで考えるならば、見えざる手の背後に神を想定することは十分にあり得る。しかしスミスが、神の偉大な力、絶対的な力を強調しようとして、この表現を使っていないことは明らかである。むしろスミスの見えざる手は、自然法則に近い。

スミスが、『哲学論文集』で見えざる手という表現を使ったのは、「哲学的研究を指導する諸原理――天文学の歴史による其例示」という論文においてだった。この論文は、「天文学史」という略称で呼ばれることが多いが、そこでは、「火が燃え、水が動く。重い物体は落下し、軽い物体は上昇する。これらは自然界の必然性に基づいて生ずる恒常的な現象である。この場合にはジュピターの見えざる手が働くとは考えられない」（吉武清彦「A・スミスの『見えざる手』の想源について」『商学討究』38・1988、による）という箇所に出てくる。ジュピターとは、ギリシアの神、ゼウスのラテン語表記である。

この用例からすれば、スミスが見えざる手の主体を神として想定していたことが窺える。しかし、その神はユダヤ・キリスト教の創造神には限定されないし、ましてやカルヴィニズムやピュウリタニズムで強調される絶対的な神ではない。

そもそも、ある著者が、書物のなかでたった1度しか使っていないことばをもって、その著作の中心的な思想を表現したものととらえることは、正しい認識とは言えない。

スミスの生きた時代、ヨーロッパの国々は、国家の産業として商業を重視する「重商主義」が広まり、国内産業の保護や統制、貿易の制限などが行われた。スミスは、こうした流れを批判し、保護主義をとることは経済発展を阻害するという議論を展開した。見えざる手の主張も、それと関連する。スミスは、自由競争をもとにした市場経済の制度を確立することで、国の富も増え、市民生活の向上もはかられると考えたのである。

スミスの主張や議論は、当然、『国富論』が刊行された時代の社会的な状況や経済環境の制約を受けている。見えざる手という表現も、市場の万能性を説いたものではなく、商業や貿易の規制や保護政策を批判するために持ち出された表現であった。それは、今日の市場原理主義とは明らかに立場を異にしている。

『国富論』新訳の解説を書いている根岸隆は、日本で有数の経済学者の一人だが、そうした学者でも、スミス自身が神の見えざる手ということばを使っていると誤解してしまうのは、国内外の経済学の世界で、「アダム・スミスの神の見えざる手（Adam Smith's "Invisible Hand of God")」という表現が広く使われ、議論の前提とされているからである。

ユダヤ・キリスト教の強い信仰をもつ人間が、見えざる手という表現を耳にしたとしたら、自動的にそれを神の見えざる手として理解する。そのことばを使った側が、どういった意味を込めていたにせよ、それを市場が神によってコントロールされ最善の結果がもたらされるという趣旨で受けとってしまう心理的なメカニズムができあがっている。

その点で、問題は受け取り手の側にある。スミスの見えざる手ということばを神の見えざる手として解釈し、それを市場原理主義の根拠としてとらえてしまうのは、神への強い信仰をもつ側である。それはまさに金融危機を１００年に1度という形で終末論的にとらえてしまう心理的な傾向と重なってくる。

土地の所有は神に反する

スミス以降の経済学の流れのなかで、市場には神の見えざる手が働いていて、それによって均衡がとれるという考え方はくり返し登場し、その点が強調されてきた。

その代表が、レオン・ワルラスの「一般均衡理論」の考え方である。ワルラスは、それほど著名ではなかった経済学者のオーギュスト・ワルラスの子どもとして生まれる。ワルラスは、数学を得意としており、理工科学校への進学を志すが、それに失敗し、経済学に転じる。数学を得意としたことは、ワルラスの経済学の方向性を決定する。彼は、数学を駆使した数理経済学を確立する。

その点でワルラスは、今日の経済学を発展させる基礎を作ったことになるが、数式が駆使されている分、彼の理論は難解である。ワルラスの一般均衡理論は、市場に神の見えざる手が働いていることを数学的に証明する試みであったと考えられる。彼の理論が示したのは、完全競争が実現されている社会においては、総需要と総供給とは均衡するというものであった。スミスは、賃金と利潤と地代の通常水準で決まる「自然価格」のもとで調和のとれた状態が維持されるという考え方をとったが、ワルラスはそれを「均衡価格」としてとらえたのである。

ただここで問題になるのは、完全競争が成り立つのかどうかという点である。完全競争が実現されているのなら、市場は均衡がとれ、それで安定するが、現実には、そこにさまざまな要因が働いて完全競争の状態は実現されない。ワルラスは、次の章でふれるカール・マルクスの16歳年下であるが、彼らの生きた19世紀は、資本主義の発達にともなう社会矛盾が噴出した時代でもあった。

したがって、ワルラスのなかにも、数理経済学の性格をもつ「純粋経済学」の構想とともに、「応用経済学」や「社会経済学」の構想があった。ワルラスは、１８７４年から77年に書かれた『純粋経済学要論』において、純粋経済学の体系化を実現したものの、応用経済学と社会経済学については十分な体系化をはかれなかった。ただし、社会経済学には、ワルラスの社会主義的な信念が色濃く反映されていた。

冷戦構造が崩れた後の現代においては、共産主義や社会主義は過去のものとして葬り去られてしまった感が強いが、19世紀から20世紀にかけては、社会を改革する理想としてそれは高く評価され、注目されていた。ワルラスの父、オーギュストも社会主義者で、土地の国有化を信念としていた。ワルラスは、その信念を受け継ぎ、土地の国有化によって条件の平等を作り出すとともに、国家が地代から収入を得ることで税金を取り立てる必要をなくすという考え方をとった。

そこには、土地の私有に対する根本的な疑いがある。現在においては、それぞれの土地には特有の所有者が定まっており、所有権が確立されているわけだが、時代をはるか昔に遡っていくならば、本来、あらゆる土地に所有権など存在しなかったはずである。ワルラス父子は、そこに矛盾を感じた。その根底には、神が創造した世界においては、所有という観念は成り立たないとする認識、ないしは信念が存在した可能性が考えられる。

反ケインズ派の絶対的な信仰

その後、20世紀に入ると、ロシアで共産主義の革命が起こり、ソビエト連邦が誕生する。また、１９２９年には世界大恐慌が勃発する。これによって資本主義の危機が自覚されるようになり、一方では、ファシズムに代表される全体主義の国家が誕生し、計画経済が実施された。また、自由主義の国々でも、アメリカでケインズ経済学にもとづくニューディール政策がとられるなど、政府による市場への介入が積極的に推し進められた。

世界大戦の時代が訪れると、世界の主要国は軍事体制を強化し、戦争に突入していった。そうした時代状況のなかでは、国家による経済の管理や統制が進み、自由放任主義の出番はなくなる。その傾向は、世界大戦が終わり、経済復興の時代に入っても続く。やがては、冷戦構造が築かれ、西の自由主義、資本主義陣営と、東の共産主義、社会主義陣営とが対立することになるが、すでに資本主義は共産主義の統制経済の仕組みを取り入れていた。

当初の段階では、資本主義と共産主義とは拮抗した状態にあったが、技術革新や企業の近代化がはかられることで、資本主義の社会は安定性を増し、驚異的な経済発展によって共産主義を凌駕するようになる。１９７０年代に入ると、新古典派経済学の理論をもとに、それを再生させ、ケインズ経済学を強く批判する「反ケインズ経済学」が台頭し、経済学の世界を席捲する。

宇沢弘文は、『経済学の考え方』（岩波新書）のなかで、この反ケインズ経済学について興味深い指摘を行っている。反ケインズ経済学は、合理主義の経済学、マネタリズム、合理的期待形成仮説、サプライサイド経済学など、さまざまな形態をとっているものの、理論的な前提が非現実的で、政策的に偏向しており、どれも「市場機構の果たす役割に対する宗教的帰依感をもつもの」だというのである。つまり、反ケインズ経済学は、神の見えざる手に対する絶対的な信仰に支えられているというのである。

とくにその傾向が著しいのが、合理的期待形成仮説である。これは、合理的期待仮説とも呼ばれるが、１９７０年代にアメリカの経済学者、ロバート・ルーカスやトーマス・サージェントなどによって唱えられた。

この仮説においては、まず、将来にわたって市場の均衡が成立することが前提とされている。その上で、経済活動を実践し、市場にかかわってくる人間は、皆、将来の市場価格がどういった確率分布を示すのか、それを正確に把握していて、それをもとに、自らがどういった行動をとることが有利になるかを判断できるものと想定されている。

これは、経済活動を展開する人間を神に近い全知全能の存在としてとらえるもので、到底あり得ない前提だが、もしこの仮説が成立するなら、政府が何らかの経済政策を実施する必要などなくなる。その点で、この仮説は、市場への介入や規制をまったく必要ないとして排除する市場原理主義を正当化する。

こうした考え方を、もっとも明確に、また、もっとも単純化した形で展開したのが、アメリカの経済学者、ミルトン・フリードマンである。フリードマンは、1962年に刊行した『資本主義と自由』（村井章子訳、日経BP社）のなかで、政府の市場への介入を徹底的に批判し、農産物の買取保証価格制度からはじまって、輸入関税・輸出制限、最低賃金・法定金利、社会保障制度、徴兵制、郵便、有料道路などについては、政府は行うべきではないという提言を行った。

この本での主張は、日本では小泉構造改革を正当化するものとして活用されたが、市場への絶対的な信頼、つまりは神の見えざる手に対する信仰がなければ、成り立ち得ない考え方であった。

金融危機の勃発によって、フリードマンの考え方には批判が加えられるようになった。

徹底した規制緩和を実現したことが、金融危機を肥大化させる一つの大きな要因となったと指摘された。今や、一時期もてはやされた市場原理主義は徹底した批判にさらされており、神の見えざる手という考え方自体その有効性を失っている。

死と再生を繰り返す神

経済の世界における市場原理主義と宗教の世界における原理主義の台頭は、同時代的な現象である。市場原理主義ということば自体は、1998年頃から使われるようになったのだとしても、反ケインズ経済学の隆盛はすでに1970年代からはじまっていた。一方、宗教的原理主義全般の火付け役となったイスラム教原理主義の台頭も、イスラム教が広まった中東地域の重要性を世界に認識させた1973年のオイル・ショックに遡る。

1970年代は、まだ東西の冷戦が続いていた時代ではあるが、1962年のキューバ危機が、核兵器の使用も含め、東西両陣営の直接的な対立の頂点であり、その後は、緊張緩和の方向にむかっていく。1970年代の終わりには、ソ連の崩壊に結びつくアフガニスタンへの侵攻といった事態も生まれ、共産主義勢力の力はしだいに衰えを見せていった。そうしたなかで、経済と宗教の世界における原理主義の台頭という事態が生み出されていくこととなった。

経済の原理主義も、宗教の原理主義も、極端な方向に進み、片方は世界を巻き込んだバブルを生むことによって、もう片方はテロを生むことによって、崩壊への道をたどることになる。その点で、二つの原理主義の勃興と崩壊の過程は併行して起こった現象であり、ともに東西の冷戦構造の崩壊過程が生んだものとも言える。

市場原理主義においても、宗教的な原理主義においても、神の力は絶対的なものとしてとらえられ、その全能性に対する信仰が決定的に重要な意味をもつ。近代のはじまりにおいて、「神は死んだ」と言われたが、21世紀のはじまりの時点で、ふたたび神は死んだのかもしれない。

ただし、これまでの歴史から考えれば、神は死と再生をくり返す。事態が大きく変われば、神は全能の力をもつ存在としてふたたび世界を支配するようになるかもしれないのである。

第5章

マルクス経済学の終末論と脱宗教としてのケインズ経済学

Hulton Archive/Getty Images/アフロ

資本主義の崩壊を予測したマルクス（左）と矛盾を明らかにしたケインズ（右）

マル経毀誉褒貶史

今日、マルクス経済学ということばを聞くと、それはすでに過去のものとなってしまったという印象が強い。金融危機は資本主義の根本的な矛盾を示すものであり、その点で、資本主義の矛盾を鋭く分析したマルクス経済学がふたたび脚光を浴びてもいいように思える。一部では、そうした動きはあるものの、マルクス経済学がかつてのような勢いを取り戻し、経済学の世界を席捲するような状況にはなっていない。

マルクス経済学が、日本のアカデミズムの世界で一世を風靡した時代があった。マルクス経済学は「マル経」と略称され、近代経済学とは根本的に異なる経済学の思想、理論であると考えられた。近代経済学も「近経」という略称で呼ばれ、マル経と近経の対立は経済学の世界を二分しただけではなく、日本の思想界にも根本的な対立を生んだ。その背後には、東西の冷戦構造が存在し、マル経の立場をとるということは、東の社会主義、共産主義のイデオロギーを信奉することであり、近経の立場をとるということは、西の資本主義、自由主義のイデオロギーを信奉することであると考えられた。

ところが、1989年にベルリンの壁が崩れ、社会主義、共産主義の政権が瓦解して、次々に市場経済を導入するようになると、マル経に対する評価は著しく低下し、近経がマル経をはるかに圧倒することになった。現在でも、大学によっては、マル経を研究してきた経済学者が講座を担当しているところもあるが、学生には不人気である。やがてアカデミズムの世界からマル経は一掃されるかもしれない。

しかし、マルクス経済学の根本的な性格を考えた場合、それが果たして近代経済学と根本的に対立するものであるのかどうか、その点自体かなり疑問である。

マルクス経済学を生んだカール・マルクスや、彼を思想的に、あるいは経済的にも助けたフリードリッヒ・エンゲルスは、「マルクス・エンゲルス」と一括して呼ばれ共産主義社会の実現をめざして活動した共産主義者としてとらえられてきたものの、彼らの主な仕事は、共産主義社会を実現するための社会計画、グランドデザインを描き出すことではなく、資本主義の経済や社会の分析に当てられていた。

とくにそれは、マルクスの主著である『資本論』について言える。『資本論』の目的は、資本主義社会の本質を分析することで、その矛盾を明らかにし、それが崩壊の方向にむかっていることを論証することにあった。なお、『資本論』の第1巻は、マルクスの生前に本人が執筆、刊行したものだが、死後に刊行された第2巻と第3巻は、マルクスが残した膨大な草稿を、エンゲルスが編集したもので、彼によって相当に加筆されている。

共産主義社会は天国か？

マルクスとエンゲルスが、彼らの考える共産主義の社会がいかなるものなのか、もっとも具体的な形で描き出したのが、1848年に執筆、刊行された『共産党宣言』においてである。「一つの妖怪がヨーロッパにあらわれている」という衝撃的なことばではじまるこの宣言は、書物というよりもパンフレットである。全体は、第1章「ブルジョアとプロレタリア」、第2章「プロレタリアと共産主義者」、第3章「社会主義的および共産主義的文献」、第4章「種々の反対党に対する共産主義者の立場」の4つに分かれている。

各章のタイトルからも分かるように、来るべき共産主義の社会の具体的な姿を描き出し、そうした社会を実現するためのプランを示したものと言うより、社会的に搾取され、差別されたプロレタリアとしての共産主義者が、現状において、いかなる政治的な姿勢をとるべきかが示されている。

ただ、政治的な姿勢は政策ともかかわる。現在の社会を共産主義の社会に近づけるための具体的な方法論がもっともよく示されているのが、第2章の最後の部分である。そこでは、労働者革命を実現したプロレタリアは、支配階級から資本を奪い取ることで政治的支配を確立すべきであると説かれている。とくに先進国においては、次のような政策が実施されるべきだとされている。

一　土地所有を収奪し、地代を国家の経費にあてる。
二　強度の累進税。
三　相続権の廃止。
四　すべての亡命者および反逆者の財産の没収。
五　国家資本によって経営され、排他的独占権をもつ一国立銀行を通じて信用を国家の手に集中する。
六　運輸機関を国家の手に集中する。
七　国有工場、生産用具の増加。共同の計画による土地の開墾と改良。
八　万人にたいする平等の労働義務。産業軍の編成、とくに農業のためのそれ。
九　農業と工業の経営の結合。都市と農村の対立の漸次的除去。
一〇　すべての児童にたいする公共無料教育。現在の形の児童の工場労働の廃止。教育と物質的生産との結合。その他（『共産党宣言　共産主義の原理他一篇』国民文庫）。

こうした政策は、20世紀のはじめに革命を経て成立したソビエト連邦の共産主義政権において、具体的に実施された。だが、私的所有を廃して、それらを国家の所有に帰したとき、その国家をいかなる形で運営していくのかについては、それほど具体的な政策や方策は説明されていない。いったい誰が、どのような形で権力を掌握するのか、その政治的なプロセスはまったく示されていない。マルクスにしても、エンゲルスにしても、ここに示されたこと以上に具体的な共産主義社会のグランドデザインを描き出してはいない。それは後に、ソ連などの共産主義政権が樹立されたとき大きな問題を生んだ。

マルクスとエンゲルスは、資本主義社会のあり方を分析することによって、それが深刻な矛盾をはらんでおり、そのまま進んでいくならば、遠からず崩壊への道を歩むようになると考えた。ブルジョアジーとプロレタリアによる階級間の対立は激化し、階級闘争によって、資本主義が崩壊し、プロレタリアが権力を掌握する共産主義の革命が成就する。2人は、現行の資本主義の社会がいかに非人間的で、悲惨なものであるかを描き出していったが、その先に到来する共産主義社会が、どうやって資本主義社会の矛盾を解消し、人間的で豊かな社会になりうるのか、その具体像を描き出すまでにはいたらなかった。

理想の世界を描き出そうとする試みが、こうした方向にむかいやすい点は、宗教の世界における天国と地獄との対比にも示されている。

各宗教には特有の来世についての考え方が見られるが、おおむね地獄については詳細で、生き生きと描写されるものの、天国や極楽にかんしては、それほど詳細な描写がなされず、描かれた世界も、人をそこへ誘うような圧倒的な魅力をもってはいない。凄惨な地獄の描写を通して、地獄にだけは落ちたくないという思いを抱かせ、それが、天国や極楽に生まれ変わることへの強い憧れを生んでいくが、人間が理想とする世界の姿を描き出すことは、案外に難しいのである。

共産主義革命が内包する終末論

マルクスとエンゲルスが活躍した時代には、資本主義の矛盾が露呈し、階級間の対立、抗争が激しさを増した。その点で、地獄に通じる悲惨な状況は目の前に展開されており、それを資本主義社会の行き詰まりを示すものとしてとらえることができた。それが、マルクスやエンゲルスの表現にリアリティーを与えた。

ただし、マルクス経済学が、その基本的な立場として資本主義の分析を行っている点で、それは近代経済学一般とかわらない。実際、分配の問題について、マルクスは、デヴィッド・リカードの議論を受け継いでいるし、その経済学を特徴づける労働価値説についても、リカードやアダム・スミスの議論を受け継いでいた。マルクスは、もともとは哲学を学び、ヘーゲルやフォイエルバッハの観念論哲学の影響を受けていたものの、途中から経済学の研究に転じた。その際に、彼がモデルにしたのは古典派経済学であり、その影響を直接的に受けている。その点で、マルクス経済学は、近代経済学の枠のなかから生まれ、本質においてそれと共通すると言えるのである。

しかし、マルクス経済学は、資本主義のシステムの分析には終わらなかった。また、他の近代経済学の研究者がめざしたように、資本主義社会をより安定したものにするための政策や方策を考えようとはしなかった。マルクスは、資本主義を徹底的に分析することで、やがてはそれが崩壊せざるを得ないことを明らかにしようとした。そして、革命を通して共産主義の社会が実現される必然性を示そうとした。そうした考え方は、スミスやリカードにはなかったし、一般の近代経済学者にもなかった。マルクスには、エンゲルスも同様だが、社会運動家、革命家としての使命感があり、アカデミズムの枠のなかで経済分析を行うことでは満足しなかったのである。

問題は、資本主義の終焉とそれに必然的にともなう共産主義社会の到来という、マルクスの打ち立てた構想の構造である。資本主義が終焉に向かうのは、人間の欲望の象徴である搾取が極限にまで進み、社会が成り立たなくなった時点においてである。そのとき、あたかも神が罰を下すかのように資本主義の崩壊が起こり、さらには、終末の後に神の国が到来するかのように共産主義の社会が実現される。こうしたマルクスの革命思想の構造は、根本において、終末論的な性格をもっている。

マルクスが、共産主義社会のシステムについて明確な見通しやプランをもっていたのなら、それを実現するための具体的な手順を示せたはずである。ところがマルクスは、それを示していない。エンゲルスの場合も同じで、2人は、それ以前の思想家たちが構想した社会主義を空想的なものであると批判的にとらえ、その実現は困難だとしたものの、彼ら自身の考える共産主義社会は、決して具体的な手順の上に構想されたものではなかった。それは、多分に空想的なものだった。

マルクス経済学は、「マルクス主義（Marxism）」と呼ばれ、政治的なイデオロギーにもなっていった。マルクス主義による共産主義革命の構想は、終末論的な構造をもつ点で、宗教的な信仰に限りなく接近している。現実的に考えれば、労働者がいかに権力を奪取するのか、たとえ資本主義が壊滅したとしても、そのための戦略や戦術が必要だし、権力を奪取した後に、どういった社会を実現していくのか、明確なプランが必要なはずである。ところが、新たな社会のあり方について、マルクス主義はそれを示せなかったのである。

ユダヤ教の家庭に生まれたマルクス

マルクスは、宗教に対して否定的だった。若い頃に執筆した『ヘーゲル法哲学批判序説』には、「宗教上の不幸は、一つには現世の不幸の表現であり、一つには現実の不幸にたいする抗議である。宗教は、悩めるもののため息であり、……民衆の阿片である」という表現がある。マルクスは、阿片を今の感覚で言う麻薬として考えていたわけではないという説もあるが、宗教を積極的に評価しているわけではない。そして、共産主義の社会においては、現実的な問題や悩みは科学的に処理され、宗教の出番はないと考えた。

ただしマルクスは、代々続くユダヤ教の指導者であるラビの家に生まれた。彼の父親は、専門職の人間にはキリスト教徒であることが条件になっていたため、弁護士になろうとしてキリスト教のプロテスタントに改宗したものの、彼の母親もまたユダヤ人の家系であった。そうした家庭環境から考えれば、マルクスのなかに、ユダヤ教的な信仰が受け継がれていた可能性は十分に考えられる。

ユダヤ教においては、この世界を創造した唯一絶対の神への信仰が説かれ、神は人類全体に君臨する厳格な存在として考えられている。人間は、その神によって、神に似た者として創造されたわけだが、最初の人類であるアダムとイブの物語に示されたように、神の命令に従うことができず、罪を犯してしまう。

神は、ノアの箱船やバベルの塔の物語に見られるように、自分の命令を守れない腐敗堕落した人間に対して罰を下す。その罰は、世界全体を崩壊に導く終末論的なものである。ユダヤ教でも、その後を受け継いで発展したキリスト教でも、こうした終末論は、社会が危機に瀕するたびにくり返し説かれていく。

終末論が浸透した社会においては、神の罰への強い恐れがあり、現実が行き詰まったときには、終末論を喧伝する者があらわれ、それが浸透していく。終末論ほどインパクトをもつメッセージはない。それは、危機感を煽り、社会を震撼させる。終末論を信じる人々は、熱狂して世の終わりの訪れを待ち望む。彼らは、信仰をもつ者だけが終末を生き延びることができると考え、終末の後に実現される新しい社会の到来を熱望するのである。

ただし、「創世記」の記述とは異なり、現実には世の終わりは訪れない。宗教に人を集めるときに、終末論ほど効力を発揮する教えはないが、予言が外れる事態は避けられない。そのとき、世の終わりを熱望していた人々は失望し、信仰を捨てる者も出てくる。それでも、なぜ世の終わりが訪れなかったのか、なぜそれが引き伸ばされたのか、その理由を説明する論理を打ち立てられれば、予言が外れたことでもたらされる危機を乗り越えることはできる。幾多の教団は、そうした経験を通して、より整合性のある信仰体系を築き上げてきた。

「科学的社会主義」による宗教性の隠蔽

マルクスやエンゲルスの終末論的な予言、資本主義社会の全面的な崩壊という事態は起こらなかった。マルクスが『資本論』で展開した論理に従えば、資本主義の終焉は必然的であったはずだが、事態はその方向には進まなかった。その点では、マルクス主義は、予言が外れたときという危機に直面せざるを得なかったはずである。

ところが、マルクスやエンゲルスの想定外の出来事が起こった。それが、ロシアにおける革命の発生であり、共産主義政権としてのソビエト連邦の発足である。マルクスは、資本主義が最初に行き詰まるのは、イギリスのように資本主義が高度に発達した国においてだと考えていた。ところが、実際に革命が起こり、プロレタリアが権力を奪取したのは、資本主義が十分に発達していないロシアにおいてだった。

それでも、ソ連が誕生したことで、マルクス主義のイデオロギーはその正当性が証明された形になり、革命はソ連周辺の東ヨーロッパの国々に広がっていく。そして、ソ連を中心とした共産主義の陣営は、やがては自由主義、資本主義の陣営と拮抗するだけの経済力を蓄えていく。マルクスの終末論的な予言は、思わぬ形で成就したのである。

それによって、共産主義の理論が、来たるべき社会のシステムを成り立たせる原理について現実的なプランをもたない終末論的な予言であるという点が隠蔽された。また、他の社会主義の試みを空想的という表現で一括して批判し、その価値を貶めることで、マルクス主義の構想があたかも科学的で現実的であるかのような印象を与えることにも成功する。マルクス主義は、「科学的社会主義」を標榜し、徹底して科学性を強調した。だが、ことさら科学性を強調しなければならなかったところには、マルクス主義の本質がユダヤ・キリスト教的な背景をもっていることを隠蔽しようとする意図が働いていた。

資本蓄積と労働疎外

もう一つ、マルクス経済学のなかで、宗教的な背景との関連を感じさせるのが、「資本」という概念である。マルクスの言う資本は、資本主義社会における経済活動の深層に位置し、生産関係を規定するものであり、貨幣資本、生産資本、商品資本、といった多様な形態をとるものとされている。資本の目的は蓄積することにあり、もっとも効果的な手段を用いて最大の利潤を上げ、マルクス経済学の基本用語の一つである剰余価値を高めることで、自己増殖を遂げていく。この資本の人格化されたものが資本家である。

資本は、蓄積という目的をもつ点で主体的な存在である。資本家の目的が資本の蓄積にあるという言い方も可能なはずで、そうなれば、資本家が主体になるが、マルクス経済学は、資本家は資本に突き動かされて経済活動を実践しているという理解の仕方をとった。

一時、分子生物学が大きな発展を見せ、生命のあり方を根本的に規定するものとしてDNAという遺伝子の重要性が強調された時期がある。その時代には、「利己的な遺伝子」ということばが使われ、遺伝子は自らを存続させるために利己的に振る舞い、個々の生物は決して主体的な存在ではないという考え方が広まった。マルクスの説く資本には、この利己的な遺伝子に近い性格が与えられ、資本こそが資本家という存在をコントロールしている考え方がとられた。

宇沢弘文は、こうしたマルクスの資本の概念が、「一種神秘的」であると指摘しているが（『経済学の考え方』）、蓄積を自己目的としている資本は、ユダヤ・キリスト教世界において世界を動かす根源的な存在、究極の主体としての神に近いものとしてとらえることが可能である。ユダヤ教の伝統に影響されたマルクスの精神には、そうした神の観念が根強く、世界を動かす主体的な力を想定せざるを得なかったのである。

マルクスは、労働の疎外を問題にしたが、そこには、労働を苦としてとらえる認識が働いている。『資本論』のなかで、労働時間の短縮こそが人間の能力を全面的に発達させる根本的な条件であるという指摘がなされているのも、労働を疎外に結びつく苦としてとらえる認識があるからである。労働を苦に結びつけ、できるだけ労働を忌避しようとする考え方は、日本には存在しないものの、ヨーロッパには広まっており、決してマルクスの独創ではない。アダムとイブがエデンの園を追放されたことで、人間が生きるために労働を義務としなければならなくなったとする「創世記」に見られる神話的な説明を、マルクスも受け入れていたのである。

ユダヤ・キリスト教の宗教観、神観念は、西欧社会に決定的な影響を与え、その文化のなかに育った人間は、その影響を免れることができない。アダム・スミスの経済学が、神の見えざる手を強調したものとして受容されてきたのも、それと深く関連する。逆に、ユダヤ・キリスト教とは無縁な文化のなかに育ってきた日本人には、マルクス経済学の宗教的な構造は理解できない。その点で日本人は、マルクス経済学を誤解せざるを得なかった。逆に、宗教的な背景を無視することで、それを純粋な唯物論として受けとることができたとも言えるのである。

近代経済学の「神」、ケインズ

経済学と宗教的な思想、とくにユダヤ・キリスト教の世界観との関連について、非常に興味深い位置にあるのがケインズの経済学である。

ケインズの経済学は、近代経済学のなかでもっとも重要なもので、それはたんに経済現象の理論的な分析を担うだけではなく、不況時における公共投資の実施など、具体的な経済政策にも強い影響力を発揮してきた。経済学者によって、ケインズ経済学への評価は分かれるものの、それに賛同するにしても、反対するにしても、ケインズ経済学が、他の近代経済学の位置を定める中心的な軸になってきた点は否定できない。

ケインズ経済学は、それ以前の経済学を批判する形で登場した。ケインズ経済学が批判の対象としたのが、「新古典派経済学」である。新古典派経済学は、古典派経済学を受け継いで形成された経済学の潮流である。古典派経済学には、アダム・スミスやリカード、マルサス、J・S・ミルなどが含まれる。

こうした古典派の経済学者は、皆、イギリスの経済学者で、そこには、当時のイギリスが、新たに勃興した資本主義の先頭を走り、飛躍的な経済発展を遂げていたことが関係していた。古典派経済学の中心的なテーマは、資本主義とそれ以前の封建主義との違いを明らかにし、いかにしたら円滑な経済発展が実現されるかを示すことにあった。

古典派経済学の基本的な考え方は、「供給はそれ自身の需要を創造する」という「セイの法則」に示されている。資本主義の勃興期においては、生産技術の革新が起こり、飛躍的に生産量が高まった。セイの法則には、生産量という供給の側が増大することで需要が喚起され、それが資本主義の発展をもたらしてきたという当時の経済状況が直接的に反映されていた。

こうした古典派経済学をもとに、より精緻な形で経済学の理論化を推し進めたのが新古典派経済学で、そのなかには、多種多様な経済学派が含まれる。その代表としては、19世紀イギリスのケンブリッジ学派やオーストリアのオーストリア学派、スイスのローザンヌ学派などがあげられる。より範囲を広げて、戦後アメリカのシカゴ学派までが含まれることもある。

新古典派経済学に共通した特徴としては、個々人の経済活動の総和として経済全体の流れを考える「方法論的個人主義」、個人は自己の利益に最適な形で経済活動を実践するとする「最適化仮説」、そして、需要と供給との間には均衡が成り立つとする「均衡理論」などがあげられる。市場の自己調整能力に対して厚い信頼を寄せる点で、新古典派経済学は古典派経済学と共通する。

ケインズ経済学は、こうした新古典派経済学を批判し、一時は、新古典派経済学を圧倒する。それは、経済学を根本から革新したことで、「ケインズ革命」と呼ばれた。ケインズは有効需要の概念を強調し、セイの法則とは反対に、貨幣的な裏づけをもつ需要が供給を生み出すという考え方をとった。それは、不況時における具体的な政策として、需要を増やすために減税や政府支出の増大を求めるもので、景気が回復した際の増税で、それによって生じた財政の赤字を補おうとする考え方であった。

戦後はケインズ経済学が他の経済学を圧倒する時代が続いたものの、1970年代に入ると、新古典派経済学を刷新した新たな経済学が、とくに経済の先進国となったアメリカで台頭した。フリードマンのマネタリズムや合理的期待形成仮説などがそれにあたる。それらは一括してケインズ経済学を批判する「反ケインズ経済学」と呼ばれるようになる。そこには、オイル・ショックによって原油価格が高騰し、不況のなかで物価が上昇するスタグフレーションといった新たな経済状況が生まれたことが関係していた。ケインズ経済学はそうした状況に的確には対応できないとされ、「ケインズは死んだ」とも評された。

このように、ケインズ経済学は、近代における経済学の中核に位置づけられ、それを中心に他の経済学のあり方や位置が規定されるようになった。「ケインズは死んだ」という言い方は、ニーチェの「神は死んだ」という神の死の宣言をもとにした言い方だが、それほどケインズの存在は大きなものとなったのである。

ケインズ経済学の伝道者たち

ただ、そこで大きな問題になるのが、ケインズの経済理論やその思想の難解さである。ケインズの代表的な著作で、現代の経済学の世界でもっとも影響力をもつのが、『雇用、利子および貨幣の一般理論（『一般理論』と略称される）』（間宮陽介訳、岩波文庫）だが、この本を一読しても、一般の読者がその意味を理解することは難しい。

たとえば松原隆一郎は、『経済学の名著30』（ちくま新書）のなかで、『一般理論』の紹介をする際に、まず、「『一般理論』は難解をもって知られる」ということばからそれをはじめている。松原は、その難解さの原因を、『一般理論』がイギリスの専門的な経済学者を論破するために書かれたところに求め、さらにはケインズが、自分が批判している側の論理を一部で受け入れながら論を進めていることが誤解を誘発する原因になっていると指摘している。

宇沢弘文も、『経済学の考え方』のなかで、次のように述べている。

「しかし、ひとたび『一般理論』をひもといて、読みはじめるとき、人々は、その難解さに戸惑うに違いない。経済学の他の古典、たとえばアダム・スミスの『国富論』とまさに対照だからである」

宇沢は、難解さの理由として、ケインズの文章が、修辞法として華麗で含蓄の深さをもっているからだとしており、「一読して、その全体像を理解できる人はおそらくいないのではなかろうか」とさえ述べている。そのために内容が誤解され、『一般理論』が示唆する政策的な部分も、恣意的に歪められてきたというのである。

世の中には、いくらでも難解な書物が存在する。とくに哲学や思想を扱った書物には、一般の読者が読んでも意味がさっぱりつかめないものがある。経済学の専門書にしても、数理経済学関係のものなどは、数学や統計学に通じていない一般の読者には難解で、最後まで読み通せなかったりもする。

ケインズの『一般理論』の場合、その内容を理解できないのは、一般の読者だけではない。専門の経済学者にも難解で、容易には理解できないものが含まれている。ケインズの議論の仕方は独特で、いったい何を言おうとしているのか、彼が何を正しいと考えているのか、それがつかめない箇所に至る所でぶつかる。ある経済学者から聞いたところでは、ケインズを読んでも、すぐにその内容を忘れてしまうという。それも、一読して腑に落ちるような書き方がなされていないからであろう。

ケインズ経済学の理論については、さまざまな形で語られ、その内容について解説が加えられているものの、本当に正しくケインズの考えを理解している人間は存在するのか、その点さえ疑問になる。さらに言えば、ケインズの経済学は、そもそも十分な整合性と体系性を備えているのか、それさえ疑わしいのである。

したがって、ケインズの経済学は、そのままの形では伝えられずに、他の人間の解釈を通して伝えられてきた。そのなかで、もっとも強い影響力を発揮したのが、イギリスの経済学者、ジョン・ヒックスの業績である。彼は、投資と貯蓄にかかわるＩＳ曲線と、貨幣の需要量と供給量にかかわるＬＭ曲線から国民所得と利子率とを導きだした。これによって、ケインズの理論が体系化されたとされているが、経済学者の理論が、他の経済学者による体系化を必要としたということは、いかに元の理論が難解で、専門家にも理解しにくいものかが示されている。

アメリカにケインズ経済学が伝えられた際にも、その媒介となる経済学者がいた。『一般理論』が刊行される前、イギリスのケンブリッジでケインズの理論を学んだロバート・ブライスというカナダ人が、「雇用の貨幣的理論序説」という論文を書き、ケインズの理論のエッセンスである「乗数理論（投資が産業を振興させ、その何倍かに国民所得を増大させるとする理論）」と「流動性選好説（国民所得と投資需要によって利子率が決定するという考え方）」を紹介した。ブライスは、ハーバード大学にやってきて、ケインズ経済学の伝道師の役割を果たした（根井雅弘『ケインズとシュンペーター　現代経済学への遺書』ＮＴ

Ｔ出版）。

また、20歳のときに、『一般理論』の刊行という出来事に出会い、その強い影響を受けたアメリカの経済学者、ポール・サムエルソンは、本来対立しているはずの新古典派経済学とケインズ経済学を統合する「新古典派総合」を試みた。それは、完全雇用の状態が達成されるまでは、ケインズ経済学にもとづき、金融と財政を活用して生産水準を引き上げ、完全雇用が達成されたら、新古典派経済学にもとづき、市場による価格調整のメカニズムに任せるという考え方である。

ケインズ経済学が、その弟子や媒介者を通して経済学の世界に浸透していった状況は、宗教の開祖の教えが伝わるときと似ている。一般に、それぞれの宗教を開いた開祖は、自ら著作を残すことはほとんどない。開祖は、説法や説教を通して信者を教化していくが、それを書物の形で残すことはない。残すのは、開祖から教えを聞いた弟子や信者の側である。仏教の仏典は、すべて「如是我聞《にょぜがもん》」ではじまり、かくかくしかじかの形で弟子の私はブッダの教えを聞いたという形式がとられている。キリスト教の新約聖書でも、イエス・キリストのことばは、弟子やその伝記を著した福音書作者たちによって伝えられている。

「神の見えざる手」を否定したケインズ

ケインズの場合、彼の経済理論がいったいいかなるものであるのか、正確なところをとらえるのは相当に難しい。そのため、ケインズ経済学は、他の経済学者の解説や理論化を通して伝えられてきた。果たしてそれが、ケインズの考え方をそのまま伝えるものであるのかどうか、その点の判断は難しい。そこには、他の経済学者や、ケインズ経済学を受容する社会に生きる人々の願望が投影されている可能性がある。アダム・スミスの考え方が、「神の見えざる手」の強調として理解されてきたのと同じように、ケインズ経済学は、不況時の財政出動を正当化する理論として都合よく解釈されてきた可能性が考えられる。

そうした問題はあるものの、ケインズの経済学が、彼が批判した新古典派経済学と大きく異なる点は、市場における均衡がそのまま自動的には実現されないととらえたところにある。新古典派経済学では、一般均衡の考え方がとられ、需要と供給とが一致し、それによって完全雇用が実現され、経済が発展していくと考えられていた。

ケインズは、その点を批判し、現代の社会においては、完全雇用が実現されず、富と所得の分布に偏りが生まれて、社会的な不平等が生まれると主張した。ケインズは、『一般理論』に先立つ『貨幣改革論』のなかで、イギリスの社会が、金利生活者、企業家、労働者の三つの階級に分かれ、金利生活者が財産を世襲して富を増やし続けていくことで、社会を衰退の方向にむかわせていると主張した。

ケインズは、市場における均衡という古典派経済学から新古典派経済学へと受け継がれた旧来の経済学の前提そのものを疑い、それを真っ向から否定した。それは、それまでの経済学の理論を受け入れさせる上で大きな役割を果たしていた神の見えざる手という信仰を否定するものでもあった。

その点で、ケインズ経済学は、資本主義のもつ矛盾を明らかにするものであり、マルクス経済学と相通じるものをもっていると言える。実際、戦後のアメリカで、共産主義を排除しようとするマッカーシズムの嵐が吹き荒れたとき、マルクス経済学とともに、イギリスからもたらされたケインズ経済学がやり玉にあげられた。それも、ケインズ経済学には、アメリカ流の資本主義の問題点を指摘する視点が含まれていたからである。

終末論に陥らなかった現代経済学

ケインズが強調したのは、結局のところ、経済の不確実性である。それまでの経済学では、経済活動を行う主体の合理性が前提とされ、そうした経済主体の合理的な判断によって経済活動が営まれる以上、均衡が保たれると考えられた。しかし、そうした「合理的な経済人」という前提は架空のもので、現実に人々が経済活動を実践する際に、合理的な行動をとり、合理的な判断を下すとは限らない。そもそも、合理的な判断が下せるものなのかどうか、それこそが不確かなのである。

『一般理論』のなかに、経済の不確実性を示すたとえとして、有名な「美人投票」の話が出てくる。そこでの美人投票は、投票者が自分の美意識に従って、もっとも美人と思われる女性に投票するものではない。各投票者が、100人分の写真のなかから、6人の女性を選び出し、その選択の結果が、投票者全体の平均的な好みに一番近かった者に賞金を与えるというものである。

この投票で賞金を得るには、自分が美しいと思う女性を6人選ぶというわけにはいかない。また、平均的にもっとも美しいと考えられる女性を選んでもうまくいかない。重要なのは、投票者全体の平均的な美意識ではなく、平均的な美意識がどうなるか、それについての平均的な予想だからである。

この予測を立てるのは不可能に近い。それは、まさに株式投資について言える。プロの投資家は、投資に参加する人々が、投資家全体がどのような行動をとるかについての予測をどのように立てるか、そこまで予測しなければならないのだが、それはあまりに複雑で、実際には不可能である。ケインズは、自分でも投資を行った投機家としても知られているが、証券市場などでの実際の経験が、こうした考え方を生むことにつながったのであろう。

ケインズが、金利生活者のあり方を徹底的に批判し、市場において均衡が成り立たず、経済活動が不確実性にもとづいていることを、徹底して強調していったならば、マルクスの立場に近づいていったかもしれない。

しかし、ケインズはマルクスとは異なり、彼の議論の延長線上に、資本主義の崩壊を予言することはなかった。むしろ彼は、完全雇用は実現されず、それよりかなり低いレベルにはあるものの、生活が破綻するような最低の雇用よりはかなり高い中間的な状態に落ち着くとして、資本主義の安定性を強調した。

さらにケインズは、完全雇用が実現されず、不況が起こったときには、すでに述べたように、需要を高めるために政府は積極的に公共投資を行うべきだという考え方をとった。需要が増えれば供給も増え、それによって完全雇用に近づき、労働者の生活が安定して、経済活動が活発になるというのである。

マルクスは、資本主義の崩壊を予測し、共産主義社会の到来を予言したものの、来るべき共産主義社会がいかなるものか、その具体的なプランを提示しなかった。それに対して、ケインズは、資本主義社会の危機を回避する具体的な、しかも実現可能な方策を示した。そこに両者の根本的な違いがあった。ケインズは、マルクスとは異なって、ユダヤ・キリスト教的な終末論に陥ることはなかったのである。

ケインズは、決して無神論者ではなかったものの、イギリスの知的なエリートとして、カルヴィニズムやピュウリタニズムの信仰をもつこともなければ、終末論を信奉することもなかった。彼のなかには、市場に安定をもたらしたり、人間の腐敗堕落を見て、天罰を下すような強力な神への信仰はなかった。その点で、ケインズ経済学こそが、はじめてユダヤ・キリスト教の神学、信仰から離脱した合理的で現代的な経済学になり得たとも言える。

しかし、その後のアメリカでは、ケインズ経済学を批判する反ケインズ経済学が隆盛を極める。それは、合理的期待形成仮説に見られるように、神の見えざる手への回帰をめざすものであった。アメリカは、ケインズの育ったイギリスとは異なり、カルヴィニズムやピュウリタニズムの影響が強く、また、ユダヤ教を信奉するユダヤ人が経済界で大きな力をもつ社会である。そうした社会においては、ケインズの経済学がそのまま受け入れられることは難しい。だからこそ、サムエルソンの新古典派総合のような試みが生まれることにもなったのである。

第6章

なぜ経済学は宗教化するのか

写真提供／ロイター＝共同

バブル絶頂期、三菱地所は NY のロックフェラーセンターを買収した

無視できない道徳と倫理

経済学という学問の名前を聞いたとき、そこには、時代の最先端を行っているというイメージがつきまとう。現代の社会においては、経済の重要性が高まり、その動向や変化は、あらゆる分野に大きな影響を与えるようになってきた。経済学は、経済政策とも密接なつながりをもっており、いかなる経済学の理論をもとに経済政策を立案するかで、政策の中身は変わってくる。誰もが、その影響を免れることができなくなっている点で、現時点において、学問諸分野のなかでの経済学の重要性は際立っている。

経済学は、英語ではeconomicsと表記され、それを専門に研究する経済学者は、economistと呼ばれる。ただし、エコノミストには、経済学者だけではなく、経済の専門家というより広い意味があり、経済評論家や金融機関のアナリストなども含まれる。

経済学には、社会科学としては唯一、ノーベル賞が存在している。もっとも、ノーベル経済学賞は通称で、この賞を創設したアルフレッド・ノーベルが設置したものではない。正式な名称は、「アルフレッド・ノーベル記念経済学スウェーデン銀行賞」と言う。それでも、授賞式などが、他のノーベル賞と同一の形式で行われるため、相当の権威を獲得している。ノーベル経済学賞を受賞した経済学者の理論は脚光を浴びることになるが、選考基準が曖昧であったりするため、絶えず批判を浴びてきた。ノーベル文学賞を選考するスウェーデン・アカデミーが、その廃止を要請したこともあった。

批判があるにもかかわらず、ノーベル経済学賞が注目され、その受賞者の発言が相当に影響力をもつのも、経済という現象が現代において極めて重要な意味をもち、経済学者の発言が、経済政策にも直接影響を与えるからにほかならない。また、現代の経済学では、高度な数学や統計学の手法を用いた数理経済学や金融工学が発達し、それも、経済学に最先端の科学というイメージを与えている。

こうした現代における経済学のあり方は、草創期の経済学の姿とはかなり様相を異にしている。とくに、経済学者の経済に取り組む姿勢は大きく変わってきたと言える。

経済学の父と言われるアダム・スミスは、『道徳感情論』という出世作のタイトルが示しているように、道徳哲学から出発した。カール・マルクスも、ヘーゲルやフォイエルバッハなどの観念論哲学、ドイツ観念論から出発した。ジョン・ステュアート・ミルも、父親のジェームズ・ミルや功利主義の提唱者であるジェレミー・ベンサムの影響を受けて、哲学から出発している。レオン・ワルラスと同様に数学的な能力に恵まれ、数理経済学の基礎を築いていくアルフレッド・マーシャルも、倫理学や心理学などに強い関心をもっていた。

経済では、金銭が中心的な役割を果たす。そのために、人間の欲望といったことが深くかかわってくる。欲望をすべて肯定してしまうならば、経済的な利害を徹底して追求することが肯定され、倫理的、道徳的な問題を考慮する必要はない。しかし、経済学が発達した西欧の社会においては、ユダヤ・キリスト教の伝統があり、欲望が全面的に肯定されるわけではない。むしろ欲望を抑制する禁欲ということが重視されてきた。マックス・ヴェーバーは、まさにそうした角度から資本主義の精神の誕生を解き明かそうとした。

したがって、経済学の研究には、人間の欲望のあり方をどのようにとらえ、それをどこまで抑制していくのかを問う道徳や倫理の問題が必然的にともなってくる。そうした側面を抜きにしては、経済学は成り立たない。初期の経済学者が、たんに経済現象の分析を進めるだけではなく、倫理学や哲学に関心をもたざるを得なかったのも、欲望を全面的には肯定しない宗教的な文化が背景として存在し、人間はいかにあるべきかという問いを無視するわけにはいかなかったからである。

デリバティブは扱いづらいスポーツカー

ところが、現代の社会において、数理経済学や金融工学が重視されるようになると、経済学者は、経済現象を分析する手法や統計的な事実、あるいは、それらを用いて分析された内容をもとに立案された経済政策には強い関心をもつものの、倫理や道徳には関心をもたなくなってきた。また、哲学的な人間理解や存在論に結びつくような思考の方向性は、経済学の分野から排除されるようになってきた。

金融工学が発達することによって、とくに注目されるようになったのが、「ポートフォリオ」であり、「デリバティブ」である。ポートフォリオは、もともとは、紙挟みや折かばんを意味し、そこから、投資家や金融機関が保有する金融商品の一覧表を意味するようになる。それはさらに、安全性や収益性を考慮した、さまざまな金融商品の組み合わせを意味するようになった。ポートフォリオによる分散投資ということが、投資の基本的なあり方になってきた。

ポートフォリオにおいては、コール・ローン、譲渡性預金（CD）、コマーシャル・ペーパー（CP）といった短期金融商品や債券、株式を組み合わせ、分散して投資を行うことで、投資先を限定したときに起こりやすいリスクを回避するとともに、利益を最大にすることがめざされる。

デリバティブになると、そこで扱われる金融商品は多様化し、さらには、先物やオプションといった取引の方法も増えるため、より複雑なものになっていく。それによって、投資に伴うリスクをヘッジ（回避）し、安定的な投資を実現することがめざされる。

だが、デリバティブには、もう一方で、レバレッジ効果を利用して、豊富な資金を保有していなくても多額の資金の運用を可能にする仕組みとしての側面がある。したがって、デリバティブによる投資が成功すれば、損失を被ることなく、瞬く間に多額の利益を得ることができる。これは、投資における理想を実現したものとも言えるわけで、実際、金融危機が起こるまで、こうした取引によって多額の利益を得た投資家や金融機関が存在した。

膨大な統計データをもとに、高度な数学的な技法を用いて解析を行い、それにもとづいて投資を行えば、それは万全で確実であるように思える。投資の素人が自らの直感とわずかな知識にもとづいて資産を運用するより、はるかに確実で信頼に足るものであるように思える。多くの投資家は、デリバティブの方法や中身について十分な知識ももたず、理解もできないまま、その科学性を信頼して、それに手を出した。

自動車を運転する場合、運転手は、自動車の仕組みについて必ずしも十分に理解しているわけではなく、また実際に車を運転するうえではそうした知識はあまり必要とされない。デリバティブによる投資も事情は似ている。何よりも重要なのは実績である。金融危機以前にデリバティブによる投資に人気が集まったのも、現実に多額の儲けを出した人間や機関が存在したからである。

しかし、たしかな技術と長年の経験に裏打ちされた自動車の安全性と、デリバティブの安全性のあいだには大きな開きがある。バブルが膨らんでいるあいだは、当初の目的通り、リスク・ヘッジが十分に機能しているように見えた。だが、金融危機のような大波が襲ってくれば、リスク・ヘッジはまったく機能しなくなる。逆に、レバレッジを効かせている分、自らの資金力をはるかに超えた額の損失を被らざるを得ない。結局のところデリバティブは、高度な運転技術を必要とし、スピードが出る分、素人が運転すれば手に負えなくなるスポーツカーのような存在だったのである。

人間も経済も非合理的である

経済現象は、極めて複雑であり、それがどのように変化していくのか、たとえ専門家でも、その将来や行く末を予測することは難しい。難しいどころか不可能である。

株式市場全体や個々の株式の価格について、その変動を予測するための方法として、数学を駆使したもの以外にも、これまでさまざまな手法が発明、発見され、実際の投資に活用されてきた。しかし、金融危機のような事態が起これば、ほとんどの投資家は甚大な損失を被る。それは、いかがわしい予想屋の予想に従っていても、証券会社が提供する確度が高そうな情報に従っていても、同じである。いったん取得した株を長期にわたって保有していれば、必ず利益が出るとも言われてきたが、最近の研究では、それが必ずしも事実でないことが証明されている。投資は、どこまで行ってもギャンブルにすぎないのかもしれない。レバレッジを効かせた取引は、借金して宝くじを大量に購入するようなものである。

経済という現象には、多くの人たちが関係している。グローバル化が進み、それぞれの社会が経済的に独立し、自立できなくなった現状においては、世界中のすべての人間がそこにかかわっている。それぞれの人間が、どのように行動するか、それはまったく想像ができないし、全貌を把握することもできない。

しかも、それぞれの人間の行動自体が必ずしも合理的なものとは言えない。経済学では、経済にかかわる個々の人間は合理的な行動をとるものと想定されているが、実際には、人間の行動は決して合理的なものではない。気まぐれで、喜怒哀楽などの感情にも左右される。思い違いをしたり、間違った判断にもとづいて行動することもある。まったく非合理としか思えない行動に出ることさえある。

個々の人間が集団を形成し、組織として行動するようになると、さらに事態は複雑なものになる。組織は円滑に機能すれば、そこに属する個々人の役に立つが、ときには暴走したり、他の組織と深刻な対立関係に陥ることがある。一つの組織が勢力を拡大することで、一定の地域を支配し、個人の行動を規制することもある。経済現象は、そうした個人と組織の複雑な絡み合いの上に成立している。高度資本主義社会が到来し、グローバル化や情報化が進んだことで、それはさらに複雑さを増してきた。

経済現象は絶えず変化を続けていくもので、はじまりもなければ、終わりもない。経済学者の理論にしても、彼らが参与して立案された経済政策にしても、果たしてそれが有効なものだったのか、明確な結果が出ない以上、判定のしようがない。一時は、ある特定の経済政策が功を奏したように見えても、それは、問題を隠蔽したり、矛盾を先送りしただけで、後には、より深刻な問題を引き起こすこともある。

経済学は自然現象

そもそも経済学は、自然科学とは異なり、実験ができない。その点で、理論や政策の有効性について、検証ができない仕組みになっている。

経済現象を予測することができるならば、それは私たちに対して多大な利益をもたらしてくれる。多くの人たちは投資に成功し、経済政策についても、将来を予測して、的確な方策を講じることができる。しかしそれは現実にはあり得ない夢物語である。

経済現象は、基本的には人間が作り出したものとは言え、あまりに複雑な要素がかかわっているために、誰か特定の人物なり機関なりがコントロールできるものではない。その点で自然現象に似ている。台風などは、観測技術が発達し、その進路をある程度予測できるようになったし、これまでの経験から、災害に対処する方法は確立されている。しかし、台風の進路を変えたり、台風そのものを消滅させることができるようになったわけではない。経済の世界におけるバブルの発生とその崩壊は、こうした台風に近い。

株価などにしても、なぜそれが上がり下がりするのか、その理由を経済学的に説明し尽くすことはできない。投資家は、その企業の将来の業績を判断し、それにもとづいて投資を行っている、あるいは行うべきだというのが、教科書的な説明だが、現実の投資は、そうしたレベルでは行われていない。その企業の将来の業績が不確かでも、急騰したり、急落する株式がある。もちろん、その企業について好ましい材料が出れば、それで上がるということはあるものの、すべてはそれで説明できない。

株価の不確実性は、天気予報と比較してみれば鮮明なものになる。新聞などには、翌週の株価の動向を予測したコーナーが設けられているが、その際には、複数のエコノミストが登場し、各自が自らの判断にもとづいて動向を予測する。それは、気象予報士が複数登場して、それぞれが自分の判断にもとづいて勝手に天気予報をするようなものである。もしそうした天気予報が現実にあったら、誰もそれを信用しない。それほど、株価の予測はあてにならないのである。

日本のバブル崩壊に学ばなかったアメリカ

経済の先行きを予測できず、投資を行っても膨大な損失を出す可能性があったにもかかわらず、金融危機が生まれるまで、投資は盛んに行われた。金融市場には莫大な資金が流れ込み、金融商品の活発な取引が行われた。

投資が盛んになったのも、日本に代表されるように、先進国では金利が低下し、投資をするための資金が容易に調達できたからである。投資が活発になれば、金融商品の価格は高騰し、儲けはより大きなものになる。不動産に投資すれば、地価が高騰し、莫大な利益を得ることができた。アメリカをはじめ、世界各地で地価の高騰、住宅価格の上昇ということが起こった。それは、日本が１９８０年代の半ばから90年代のはじめにかけて経験したことである。土地に投資された金がふくらむことで、投資に振り向けられる資金はさらに膨大なものになり、他の分野にも投資された。株価が上昇しただけではなく、他の金融市場や商品先物市場においても、軒並みその価格は上昇した。

それはまさにバブルにほかならなかった。金融危機に至る過程で、全世界的にバブルが膨らんでいき、その結果、最終的にはそれがはじけて、金融危機が訪れることとなった。

バブルにかんしては、「それがバブルであるかどうかは、弾けてみなければわからない」という言い方がされる。日本においてバブル経済が続いているあいだ、それをバブルとして認識した人々はごく少数で、多くの人間は、地価と株価の上昇がこれからも続くものと考えていた。少なくとも、現実に起こったほどの大幅で急速な下落が起こると予想した人間はほとんどいなかった。

金融危機の引き金となったアメリカのサブプライム・ローンの場合、本来なら、不動産を取得するだけの資金をもたない低所得者に融資が行われたのは、地価の高騰がこれからも続き、金利負担の上昇が迫ってきても、現在保有している不動産を売却すれば、それを十分に負担できるとされていたからである。その点では、サブプライム・ローンの貸し手も借り手も、その仕組みがバブルを前提とした危ういものであるという認識をもたなかったことになる。

しかし、日本での経験がある以上、それがバブルであるのかどうか、弾ける以前の段階で認識できたはずである。事実私は、拙著『資本主義２・０』(講談社)の共著者である三菱ＵＦＪ証券のチーフエコノミスト、水野和夫が刊行している「水野レポート」を通して、アメリカで住宅バブルが進行していることを早い段階から認識し、それが遠からず崩壊に向かうことは予測していた。

現在の段階では、バブルが発生するならば、それはバブルとして明確に認識することが十分に可能なはずである。今、バブルは弾けてみないと分からないなどと発言する経済の専門家がいたとしたら、それは、自らの無能さを暴露したものか、責任逃れでしかないだろう。あるいは、他人をだまそうとする悪意のある発言にほかならない。

今や、バブルが膨らんだとしたら、それはバブルとして認識される時代になってきている。弾けてみないでも、バブルがバブルであることは明確に理解できる。仮に、価格の急速な上昇や異常な上昇が起こっている市場があったとしたら、そこには間違いなくバブルが生まれていると判断して間違いない。

バブルが膨らんでいる状況においては、この原理が大きくものを言い、莫大な利益を上げられる可能性が出てくる。ところが、バブルは必ずやどこかの時点で弾けるわけで、しかも、その時期を予測したり、特定することはできない。したがって投資家は、バブルの崩壊を恐れつつ、高い利益が得られるために、その魅力に勝てず、投資を続ける。

とくに金融機関の場合には、他の金融機関との競争があり、儲けが出る状況が生まれているのなら、たとえそれがバブルであると分かっていても、投資を控えることができない。もし、その局面で投資をしなければ、顧客を他の金融機関に奪われるからである。リスクがあることがわかっていても、それを覚悟で投資し続けなければならない状況を、経済学者の小幡績は、『すべての経済はバブルに通じる』（光文社新書）において、「リスクテイクバブル」と呼んだ。リスクが多く、またそれゆえにリターンも見込める状況に多くの投資が集中することで、バブルはより拡大していくことになる。

バブルが発生している状況における投資は、「ネズミ講」や「マルチ商法」と変わらない。ネズミ講においては、そこに新たな資金の提供者が参入し続ける限り、すでに投資している人間は、約束された利益を得ることができる。ところが、新たな資金提供者の数が減ってくると、そのシステムは途端に機能しなくなり、システム全体が崩壊する。現代の金融市場は、こうしたネズミ講と本質的に変わらない構造に変容していると見ることができる（この点については、『資本主義２・０』で詳しい指摘を行った）。

神と経済学との関係史

経済学がその歩みを開始した時代、つまりはアダム・スミスの時代には、経済が発展を続けていくことを前提として考えることができた。市場は無限に拡大し、資本の蓄積や資源や労働力の確保なども、どこまでも制約なく、それを広げていくことが可能だったからである。実際には制約があり、限度があったわけだが、資源や労働力の確保に困ることがなかったので、それは無限と想定された。土地などについても、それは無限に広がっていることが前提とされていた。

そうした経済状況では、今日の世界経済が直面しているさまざまな課題を問題にする必要はなかった。たとえ自国で資源や労働力、土地が確保できなくても、植民地開発を行うことで、それが十分に可能だと考えられていた。事実、欧米の先進国はこぞって植民地の拡大に奔走し、植民地経営を行うことで自国の経済基盤を確立していった。

市場が神の見えざる手によって支配され、調整機能が働いているという見方を取ることができたのも、こうした経済状況が背景に存在したからである。もちろん、資本主義の発展には社会の近代化が不可欠であり、事実そうした方向に社会は進んでいった。近代化は宗教の衰退を伴うもので、宗教が社会に対する影響力を失っていく世俗化が進行した。ただし長い時間を経て社会に伝えられてきた宗教の物語、とくに「創世記」に記されたユダヤ・キリスト教の神話や、そうした物語の背後に存在して力をふるう強力な神への信仰は、そう簡単には消滅しなかった。

スミスの経済学は、そうした宗教的な信仰のなかに取り入れられることで、神の見えざる手の働きを強調する経済学として変形されていった。スミス自身は、第4章で見たように、決して市場が神の見えざる手によって支配され、自動的に調整されていることを強調したわけではなかった。けれども、スミスの経済学を受容した西欧の社会は、それをユダヤ・キリスト教の信仰の近代版として受け取り、市場の自動調整メカニズムに全幅の信頼を寄せた。それ以降の経済学も、市場の安定性に対する信頼、あるいは信仰を前提とし、その安定性を正当化する役割を果たすようになっていく。

それに果敢に挑戦したのが、マルクスの経済学であり、ケインズの経済学であった。ともに神の見えざる手の働きを前提とする主流派の経済学とは異なり、不確実性や不均衡を主張した。ところが、マルクスの経済学では、ユダヤ・キリスト教の終末論の影響が強く、資本主義の崩壊を予言する方向に向かった。それは、共産主義、社会主義の新しい社会を生むことにつながったものの、資本主義に代わって、そうした社会を安定的に運営していく仕組みを確立できなかったことで、官僚制を生み、やがては崩壊していく。

一方のケインズの経済学の場合には、マルクスの経済学と同様に、神の見えざる手の働きという経済学の信仰からは決別する方向性をとったものの、社会が受容したのは、不況時において政府が財政出動を行うことで、景気が刺激され、それを回復基調に引き戻すことができるとする政策的な部分であった。それは、ケインズ主義として、各国の政府がとる経済政策のお手本として重視され、現実に適用されていくことになった。

財政出動のような景気刺激策をとらなければならないということは、市場には自動調整の機能が本当には働かないことを意味する。ケインズ主義が力をもつことで、神の見えざる手に対する信仰は一時後退する。神の力以上に、政府の力、政策の力が重視され、人間の側の主体的な営みによって経済をコントロールすることが可能だという考え方が強く打ち出されることとなった。

しかし、それによって神の見えざる手に対する信仰が消滅したわけではなかった。新古典派総合のように、ケインズの経済学と神の見えざる手の経済学との融合、あるいは住み分けがはかられ、その信仰は形を変えながら延命し、新保守主義の登場によって全面的な復活をとげることとなった。

そこには、ケインズ主義の行き詰まりも関係している。財政出動を行うためには、財源の裏づけが必要である。ところが、先進諸国の政府は、どこも膨大な財政赤字を抱え、財政出動のための財源をどうやって確保するのか、それが大きな問題となってきた。

ブリックス成長神話の限界

近代化とともに確立された国民国家は、軍事や外交、義務教育の普及などの方面において主体性を発揮することになったが、しだいに社会福祉、社会保障を大きな柱にするようになっていった。健康保険や年金、失業者に対する補助、生活保護、企業や農家に対する休業補償や補助金など、政府は、国民の生活を守り、そのレベルを向上させるために、さまざまな施策を実施するようになっていった。

そうした政策を実施するためには、当然、財政的な裏づけを必要としたが、経済が右肩上がりで成長を続け、それに伴って人口が拡大していくあいだは、税収も増え、政策の継続を可能にする体制を維持することができた。

ところが、1970年代のなかばになると、経済成長に限界が見えるようになった。そこには、資源の問題も大きくかかわっていた。戦後における世界的な規模の目覚ましい経済発展は、石油資源が開拓され、それが大量に供給されたことが大きな要因となっていた。資源を開発したのは西欧の先進国で、中東などの産油国は、その支配のもと、石油資源を廉価で供給することを強いられた。

ところが、やがてはその力関係に変化が生まれる。1973年に第4次中東戦争が勃発したのを契機に、石油価格の高騰や石油輸出国機構（OPEC）などによる産出量の削減などが行われ、中東の石油産出国の発言力が高まる。それによって、安い原油によって支えられた先進各国における経済の拡大に歯止めがかかり、経済環境は大きく変わる。安価な資源が無限に供給されることを前提とした経済のあり方は限界を迎え、無限の経済拡大を前提にはできなくなっていった。

経済の拡大に歯止めがかかることで、先進諸国の経済状態が悪化していった。それまでは、不況が訪れたときに、財政出動によって景気を刺激すれば、経済が活況を取り戻し、税収も増えて、財政出動の財源を賄うことができた。ところが、それが難しい状態が訪れ、財政赤字が深刻化することで、財政出動の財源を確保することが難しくなっていった。そうなると、不況が訪れても、財政出動による景気刺激策をとれなくなってきたのである。

しかも、経済発展の先行きに赤信号がともれば、その国の将来における経済発展の可能性の指標ともなる長期金利の低下が起こる。実際、先進各国は金利の低下という事態に直面する。それまでは、中央銀行による公定歩合の上げ下げによって景気の調整がはかられてきたが、金利が低下し、低水準にとどまるようになると、金利を上げ下げする余地がなくなった。

財政出動の余地が小さくなり、金利を操作することで経済を安定させることができなくなれば、市場の暴走も起こりやすくなる。それがやがては、金融危機の勃発という事態に結びついていくのだが、その前の段階では、バブルを生み出すことになった。バブルが膨らんでいるあいだには、「デカップリング論」などが唱えられ、たとえ先進諸国における経済が停滞したとしても、中国をはじめとするブリックス諸国においては経済発展が維持され、それによって世界経済の拡大は続くと主張された。

バブルが膨らんだときには、それがバブルでないことを論証し、経済発展が相当長期にわたって継続されていくことを証明する理論が求められる。デカップリング論は、まさにそうした需要を満たすために提唱され、支持者を拡大していった。だが、経済危機が起こると、ブリックス諸国でも経済は激しく落ち込み、その理論が必ずしも通用しないことが明らかになった。デカップリング論もまた、根拠の必ずしも明確ではない一種の信仰にしか過ぎなかったのである。

日本人の宗教は無宗教

近代のはじめにおいて、神は死んだと言われながら、決して神は死ななかった。全能の神に対する信仰は、ユダヤ教やキリスト教が信仰されてきた世界においては、決して消滅してはいない。

その点は、統計によっても裏づけられる。これは、拙著『無宗教こそ日本人の宗教である』（角川ｏｎｅテーマ21）でも紹介したが、２００４年にイギリスのＢＢＣが世界の11カ国を対象にして行った調査がある。それは、神を信じているかどうかを問うたものである。その調査によれば、ナイジェリア、インドネシア、レバノン、インド、メキシコ、アメリカ合衆国では、9割以上の人間が神を信じていると答えている。ほかに、イスラエルでは8割、ロシアと韓国でも7割が神を信じていると答え、もっとも低いイギリスでも7割近くが神を信じていると回答している。

ほかの調査でも同様の結果が出ており、神を信じている人間の割合は、世界全体で8割を超える。ドイツのあるNPOが行った調査でも、世界の若者の85パーセントが信仰をもっているという結果が出ており、若い世代において世俗化が進行し、神への信仰が失われているわけではないことが明らかにされている。

日本人は、八百万《やおよろず》の神を信仰する多神教徒であると言われ、実際、さまざまな神を信仰している。ただ、調査で、神を信仰しているかと問われた場合、8割から9割が信じていると答えるわけではない。2003年に國學院大学が行った調査では、神の実在を信じるのは、全体の3割5分程度だった。

もちろん、日本人は、初詣をはじめ、何か機会があれば神社などへ出掛けていき、神に対して祈願を行ったりするわけで、その前提には神に対する何らかの信仰が存在している。

その点で、単純に数字だけで比較することはできないものの、日本人のなかに、この世界を創造し、世界の動向に対してつねに影響を与える絶対的な神への信仰が存在しないことはたしかである。少なくとも、ユダヤ教徒やキリスト教徒が考えるような形では神を信仰してはいない。

卑近な例で言えば、アメリカの大リーグの選手が、ホームランを打ってホームベースに戻ってきたとき、彼らはそこで胸に手をあて、天を仰ぐしぐさをする。あるいは、ヨーロッパのサッカー選手は、ゴールを入れたとき、同じようなしぐさをする。それは、たんなる慣習にすぎないとも言えるが、そこからは、彼らがつねに神の力が世界に対して影響を及ぼしているという感覚を身につけていることがうかがえる。それは、日本人には決定的に欠けている。

したがって、日本人には、神の見えざる手を実感することが難しい。市場に神の見えざる手が働いていて、お互いの利害が自然に調整され、それによって社会全体に好ましい結果がもたらされると言われても、それを実感をもって受け入れることができない。それは、日本人と、ユダヤ・キリスト教圏の人間の経済観に決定的な差異をもたらしているはずである。

神学としての経済学

マックス・ヴェーバーが、資本主義の精神の誕生に影響を与えたと指摘したプロテスタンティズムの倫理である禁欲という考え方についても同様のことが言える。

日本人がもっとも親しみを感じている宗教が仏教である。その仏教でも、基本的な戒律である「五戒」においては、殺人、盗み、嘘、飲酒、乱行などが戒められている。その内容は、旧約聖書の「出エジプト記」に登場する「十戒」における戒めに近い。そして、仏教の聖職者である僧侶は、出家し、世俗を超越した清らかな生活を送るものとされている。

しかし、鎌倉新仏教の開祖の一人である親鸞が、出家としての禁を意識的に破って妻帯したことを契機に、親鸞が開いた浄土真宗だけではなく、仏教の各宗派において僧侶の妻帯が一般化した。それは、日本仏教が在家主義の傾向を強くもっていることと関連するが、その点で、性的な禁欲が奨励されることはない。

日本の社会では、明治の時代に近代化がはじまり、西欧の文化が積極的に取り入れられた時点で、ユダヤ・キリスト教を背景とした禁欲の考え方が、とくに上層階級や文化人のあいだで広まった。しかし、それは一時的で、また特殊なことである。全般的に性に対しては開放的で、性的な欲望が否定されることは少ない。禁欲の基本は、性的な欲望に対する禁圧であり、それは日本の社会にはほとんど見られない。

神話について考えてみても、日本の創世神話である「古事記」において、日本の国の創造は、イザナギとイザナミという男女による象徴的な性行為によって行われるとされ、性的な行為に禁忌が伴っていない。その点で、原罪の教義を生んだ「創世記」につづられたユダヤ・キリスト教の神話とは根本的に異なっている。

経済という現象が不確実なのは、欧米でも日本でも変わらない。しかし、欧米には、神への強い信仰があり、市場に神の見えざる手が働いているとして、均衡が成立するという考え方が受け入れられやすい。

ところが、神への信仰が弱く、市場を支配するような神の力を実感することがない日本では、神の見えざる手への信頼は生まれにくい。そのため、本来、市場に均衡が成立するという考え方自体が信奉されることはない。

その意味で、無宗教である日本人からすれば、欧米で発達した経済学という学問は、根拠の薄弱な前提によって立つ神学的な試みに見えてくる。しかも、経済学は、神の絶対的な力への素朴な信頼を核としていて、その点で極めて脆弱なものにしか思えないのである。

金融危機は、市場に神の見えざる手が働いていないことを証明した。神の見えざる手は、信仰であり、ユダヤ・キリスト教圏に生きる人々の願望であるのかもしれないが、それには根拠がない。私たちは、神の見えざる手の神学としての経済学から解き放たれていく必要がある。それが実現できなければ、ふたたび経済の危機的な状態を経験しなければならないのである。

第7章 イスラム金融の宗教的背景

写真提供／ロイター＝共同

オイルマネーで活気づくドバイの証券取引場

単なる宗教とは違う

今日の宗教をめぐる世界的な状況に対して、もっとも大きな影響を与えたのが、イランで1978年から79年にかけて勃発したイスラム革命であった。この革命は、イランによって周辺のシーア派の勢力が強い国や地域に輸出され、大きな影響を与えた。イスラム教は、預言者ムハンマド（マホメット）の後継者にあたるカリフをどのようにとらえるかで、スンニ派とシーア派の二つの勢力に分かれ、シーア派の方はさらなる分裂をくり返してきた。イランでの革命の主体になったのは、シーア派のなかでもっとも勢力が大きい12イマーム派であった。

イランでの革命の影響はシーア派だけにとどまらず、スンニ派にも及び、イスラム教が広がった地域全体において、イスラム原理主義が台頭する。それは、近代化が進行するなかで、時代の進歩から取り残されていたイスラム教という宗教を根本的に革新する運動となり、イスラム法であるシャリーアに従って生活全般を律する方向が強く打ち出された。イランでの革命の理念は、イランの宗教指導者として革命をリードしたホメイニーが唱えたイスラム法学者による統治論であった。

イスラム教は日本に根づいていないため、それが宗教としてどういった性格や特徴をもっているのか、日本の社会において十分に理解されているとはいいがたい。日本人にとって、外来の一神教と言えば、まず思い浮かぶのはキリスト教であり、それを土台に一神教のあり方を考える傾向が強い。イスラム教は、ユダヤ教やキリスト教の伝統の上に、その影響を受けながら形成されてきたため、キリスト教と共通点はあるものの、本質的なところで大きな差異を見せている。その点を理解しないと、イスラム教における経済の問題も見えてこない。

まず、イスラム教という呼称について考えておく必要がある。最近、イスラム教にかわって「イスラーム」と呼ばれることが増えているのは、それを単純に宗教としてとらえてしまうと、その独自の特徴を見逃すことになると考えられているからである。ただし本書では、一般的な新書という性格もあり、イスラム教という呼称を用いる。

聖俗一体のイスラム教

イスラム教においては、聖なる世界と俗なる世界とは明確には区別されていない。むしろ、二つの世界は一体のものとしてとらえられている。それを象徴して、イスラム教には聖職者は存在しない。

日本のマスメディアなどでは、「イスラム聖職者」という言い方が使われることが多い。聖職者の意味を、宗教的な指導者全般に広げるなら、この言い方も正しいが、より厳密に考えるなら問題がある。第3章でも触れたように、イスラム聖職者と言われている人間は、イスラム法学者、あるいは礼拝や信仰生活を指導するイマーム、知識人としてのウラマーなどのことをさしている。彼らは皆、出家はしておらず、妻帯を許され、家庭生活を営んでいる。

イスラム教において、聖と俗との区別がなされない点は、モスクのあり方にも示されている。一般に、モスクはキリスト教の教会に相当するものと考えられている。たしかに、イスラム教の信者であるムスリムが集まってきて礼拝を行う点ではキリスト教の教会と共通している。しかし、キリスト教の教会がメンバーシップが明確で、宗教共同体としての性格をもつ教団組織であるのに対して、モスクではメンバーシップが確立されていない。信者がモスクに信者が所属する形態にはなっていない。モスクは、あくまで礼拝所であり、信者は、礼拝のために手近なモスクに出掛けていけばいいことになっている。

モスクの内部にも、聖なるものはいっさい存在しない。あるのは、礼拝の目処となるメッカの方角、キブラを示すミフラーブという壁の窪みだけである。イスラム教では、偶像崇拝が厳しく禁止されており、モスクの内部には、ほかに礼拝の対象となるような物は存在していない。壁面がタイルで装飾されていたり、『コーラン』のことばが流麗なアラビア語で記されているだけである。

ともにユダヤ教を源流とするキリスト教とイスラム教ではあるが、宗教としてのあり方は大きく異なっている。キリスト教は、聖なる世界と俗なる世界の厳格な区別の上に成り立っているが、イスラム教では、二つの世界は区別されない。聖と俗とは一体のものなのである。

したがって、『コーラン』で説かれた教えは宗教の世界にのみかかわることだとはされてはいない。『コーラン』に示された神のメッセージは、世俗の世界を律する法（律）でもある。その点では、イスラム教原理主義という言い方は適切なものとは言えない。というのも、イスラム教そのものが本来原理主義であり、原理主義の傾向をもたないイスラム教は存在し得ないからである。

商人出身のムハンマド

キリスト教とイスラム教の違いは、経済と深く関連する労働や商業行為のとらえ方にも影響を与えている。ユダヤ教とキリスト教が共通に聖典としている旧約聖書の「創世記」においては、最初の人類であるアダムとイブが神の命令に背き、エデンの園という永遠の楽園を追放される物語が語られているが、追放される際に、アダムとイブは、性に対する羞恥心を知っただけではなく、死を運命づけられ、さらには額に汗して働く労働を義務として課せられたとされている。

エデンの園にとどまっていられれば、アダムとイブは、死を免れることができたばかりか、労働の必要もなかった。労働は、いわば神に逆らった罰であり、それは本来的に苦役としての性格をもっている。ユダヤ教やキリスト教が広まった地域において、仕事と余暇の時間や期間が厳格に区別され、できるだけ労働時間を早く切り上げ、余暇に楽しみを見出そうとする傾向が強いのも、もとをたどれば、この旧約聖書の物語に行き着く。それは、労働のなかに生きがいを見いだしてきた日本人にはない考え方であり、労働観である。

イスラム教の世界には、労働を神からの罰としてとらえる考え方は存在しない。だからといって、イスラム教の世界の人々が、日本人と同様に、あるいはそれ以上に強い勤労意欲をもっているというわけではないが、労働が苦役としてとらえられていない点は重要である。

さらに経済ということを考えたとき、『コーラン』において、神と人間との関係が商業行為になぞらえられている点も重要である。たとえば、「まことに神は（天上の）楽園という値段で、信徒たちから彼ら自身の身柄と財産とをそっくり買い取りなさったのだ」（９章、３節）とある（『コーラン』の翻訳は井筒俊彦訳、岩波文庫による）。ここには、預言者ムハンマドがもともとは商人だったことが影響している。ムハンマドの一族は商人だったと言われ、ムハンマド自身、商人としての活動に従事するようになる。結婚した相手の女性も商人だった。ムハンマドは、洞窟で瞑想していたとき、彼の前に大天使ジブリール（ガブリエル）があらわれて、神の啓示を受けるが、その神の啓示を伝える『コーラン』では、神と人とのあいだで結ばれた契約ということが強調され、人間が信心を怠らなければ、神はそれに十分に報いてくれると説かれている。そして、イスラム教は、イスラム商人たちの手によって世界に伝えられていくことになる。イスラム教は、商業行為と親和的なのである。

もう一つ、キリスト教との対比で重要なことは、イスラム教が、禁欲という要素をそれほど強調しない点である。キリスト教や仏教のように、聖職者が存在し、宗教組織の頂点に生涯独身であることを誓った人間が君臨するということは、当然、家族をもつ俗人、俗信徒の地位が聖職者よりも低いものと位置づけられることを意味する。そうなると、性的な欲望は否定的に考えられ、性的な欲望を抑制する禁欲の価値が強調される。しかもそれは性の領域にとどまらず、生活全般に及んでいく。贅沢や奢侈も否定的な価値しか与えられないのである。

慈悲深いアッラー

ところが、出家が存在しないイスラム教には、禁欲という考え方がなじまない。ムハンマドも妻帯しており、神との出会いによって預言者としての自覚をもつようになり、宗教活動を実践するようになっても、ブッダとは異なり家族を捨てることはなかった。キリスト教のイエス・キリストは、独身のまま殺されている。ムハンマドの言行録である『ハディース』のなかには、性行為をした後に、ムハンマドがいかに自らを清め、礼拝を行ったかが記されている。日本の神道のように、神事を営む際に精進潔斎して性行為を慎むという考え方も見られない。

イスラム教徒と聞くと、日本人は敬虔な信者というイメージを抱く。1日5回の礼拝を欠かさないという点では、たしかに敬虔だが、その中身は、日本人の抱くイメージとは異なっている。少なくとも、イスラム教の宗教生活は、決して世俗の生活の価値を否定した、極めて禁欲的なものではないのである。

それは断食についての考え方にも示されている。イスラム教では断食月が定められており、その月のあいだ、ムスリムは断食を実践する。日の出から日没まで、いっさい食物をとらないばかりか、水も飲まず、唾さえ飲み込まない。その点では、厳格な断食だが、日が沈み、断食が終われば、すぐに食事にとりかかる。しかも、断食月の食事はとくに豪華で、その雰囲気は日本の盆や正月に近い。少なくともイスラム教には、断食する時間は長ければ長いほどいいという考え方はない。つまり断食が禁欲的な苦行とは考えられていないのである。

その点で、イスラム教のなかに、キリスト教のカルヴィニズムやピュウリタニズムにあたるような禁欲的で、神の絶対性を強調するような宗教的実践が広まることは起こりにくい。イスラム教でも、神の絶対性については強調されているが、そこでの神は、厳格な存在ではなく、慈悲深い存在である。『コーラン』では、ほとんどの章が「慈悲ふかく慈愛あまねきアッラーの御名において」という文句ではじまっており、神の慈悲深さがくり返し強調されている。それも、キリスト教には見られないことである。

金融に進出するユダヤ人

イスラム教原理主義は、キリスト教における原理主義をもとに作られた概念であり、宗教的な原理主義の世界的な勃興という事態のなかから、市場原理主義という考え方が生まれた。その点で、イスラム教原理主義と市場原理主義とは、対になるものだとも言えるが、経済にかんして、ある一点で、極めて興味深い対照を見せている。

それは、利子をめぐっての考え方の違いである。

現代の経済活動において、利子ということは極めて重要な役割を果たしている。金融機関から金を借りる場合、返済時に、借り手は借りた金だけではなく、同時に利子を支払わなければならない。また、金融機関の側も、一般の預金者からの預金に対しては、利子を支払う。利子が高いか低いかは、その時点での経済状況によって大きく変わってくる。現在において、先進諸国では軒並み低金利の状態が続いており、それが世界経済の状況に大きな影響を与えている。

そうした金利の低下という問題はあるものの、私たちは、利子の存在を経済活動の前提として当然のものとして受けとっている。もちろん、法律に反した、あるいはその枠ぎりぎりの高金利に対する批判はあるが、利子をとること自体について批判が巻き起こることはない。

ところが、欧米の社会では、そもそも利子をとることが正しいことなのかどうか、それを否定する見解が存在している。その嚆矢となったのが、古代ギリシアの哲学者アリストテレスである。彼は、その著書『政治学』のなかで、「貨幣が貨幣を生むことは自然に反している」と述べて、利子を否定した。

旧約聖書においても、「出エジプト記」には、「あなたと共にいる貧しい者に金を貸す場合は（中略）利子を取ってはならない（22章24節）」とある。また、「申命記」には、「同胞には利子を付けて貸してはならない。銀の利子も、食物の利子も、その他利子が付くいかなるものの利子も付けてはならない（23章20節）」とあり、同胞から利子を取ることが禁じられている。ただ、「申命記」の次の節では、「外国人には利子を付けて貸してもよい」とされており、この点が後々に問題になってくる。

中世のキリスト教世界においては、ギリシア哲学の影響を受けたスコラ学が発展し、利子についても、アリストテレスの考え方が踏襲された。また、教会の伝統においては、金を貸す行為は富める者が貧しい者に対して施しを行う慈善として位置づけられ、その点でも利子を付けることは否定された。ローマ教皇のなかには、利子を認めれば、人々は生産活動を放棄して金を投資に回すようになり、それで生産活動が滞ると主張する者もあった。

ユダヤ人が金融の分野に進出するのも、こうしたユダヤ・キリスト教の利子についての考え方を背景にしていた。ユダヤ教でも、聖書の規定からすれば、自分たちと同じ仲間については、利子を取れない。しかし、キリスト教徒は外国人であり、利子を取ることができる。そのため、西欧の社会で差別されていたユダヤ人は、キリスト教徒が避けていた金融業の世界に進出し、そこで利益を上げるようになった。キリスト教徒も、ユダヤ人に対してなら利子を取ることができたわけだが、ユダヤ人は少数派であり、そこから大きな利益を上げることはできなかった。

ただし、資本主義が発達し、経済活動がより重要性を増していくと、利子の禁止は活発な経済活動の足枷になった。そのため、しだいに利子を取ることが容認されるようになる。利子を取らずに資金を眠らせておくことは、結果的に損失を招くことになるなどという考え方も打ち出されるようになり、キリスト教社会においても、利子を取ることへの宗教的な規制は大きく緩和されることとなった（M・シーゲル「発展途上国への融資とカトリックの利子に関する伝統」『社会と倫理』第14号）。

無利子銀行の試み

イスラム教の世界でも、利子をめぐっては同様の状況が進行していく。

『コーラン』においては、「利息を貪る者は、悪魔にとりつかれて倒れたものがするような起き方しか出来ないであろう。それはかれらが『商売は利息をとるようなものだ』と言うからである。しかしアッラーは、商売を許し、利息（高利）を禁じておられる（2章275節）」と述べられ、利子を取ることが禁じられている。

シャリーアにおいては、アラビア語で「リバー」と呼ばれる利子が禁じられていた。ただし現実には、利子は是認され、経済活動のなかに組み込まれていた。

イスラム教が広まった中東の地域にも、近代化とともに、西欧の金融機関が進出し、有利子での業務を開始するようになる。さらに、イスラム教を信奉するムスリムが経営する有利子銀行も登場するようになると、それはシャリーアに反する行為だという批判が巻き起こった。その批判は19世紀の終わりから生まれ、20世紀に入り、1930年代になると、イスラム法学者のあいだで、利子を取る金融のあり方への厳しい批判が展開されるようになる。

そうした状況のなかで、イスラム法に通じた経済学者は、シャリーアにかなった金融のシステムをいかにして実現していくか、そのモデルを構築する作業を進めるようになる。そして、1950年代以降になると、各地でそうしたモデルを応用した利子を取らないイスラムの金融機関、「無利子銀行」の試みが実践されるようになっていく。

最初の無利子銀行は、1950年代末にパキスタンで試みられた。地主たちが金を集め、それを貧困な農民に農業改良資金として貸し付けたのである。その際には、運営費を賄うために少額の手数料が徴収された。当然、こうしたシステムでは、金を貸した側には利益はもたらされない。おそらくこれは、金持ちが貧しい者に金を出すという点で、イスラム教の信仰行為として奨励される喜捨に近いものと考えられる。実際、金を出す側はそれほど積極的ではなく、この試みはすぐに破綻した。

1963年には、同様の試みがエジプトでも行われる。ミト・ガムル貯蓄銀行が設立され、ナイル川周辺のデルタ農業地帯に住む住民に対して無利子での融資を行う。この場合にも、手数料を徴収するシステムがとられたが、融資を希望する人間に定期預金を義務づけたことで、預金量が増え、この試みは成功した。この銀行は、国家的な支援をもとに設立された無利子銀行、ナセル・ソーシャル銀行に引き継がれていく。

巡礼貯蓄銀行とオイルマネー

イスラム教の信仰との関連で注目されるのが、やはり１９６３年にマレーシアで設立されたマラヤ・ムスリム巡礼貯蓄銀行である。イスラム教では、1年に1度巡礼月が回ってくる。その月には、世界各地からの巡礼者がサウジアラビアのメッカを訪れる。メッカに巡礼した経験をもつ人間は、「ハッジ」と呼ばれ、地域住民の尊敬を集めることから、ムスリムにとって生涯に最低1度メッカ巡礼を行うことが目標になっている。

サウジアラビアやその周辺の住民であれば、それほど多額の費用をかけないでも巡礼を果たすことができる。ところが、マレーシアのムスリムの場合、飛行機を利用するなどかなりの費用を必要とする。巡礼貯蓄銀行が誕生する以前にも、ムスリムたちが共同で金を出し合って巡礼資金を貯め、それで順番に巡礼を果たすシステムが作られており、巡礼貯蓄銀行は、その近代版なのである。無利子銀行開設以前には、巡礼のために集めた金を預金できなかった。

実はこれは、日本の場合にも共通する。日本でも、伊勢神宮をはじめ全国に存在する主な神社仏閣、霊場に信徒が参拝に出掛ける例が見られる。その際、参拝のための資金をいかに調達するかが問題になる。そのため、神社仏閣や霊場に祀られた神仏を信奉する信徒たちは、「講」と呼ばれる組織を作り、集団で参拝のための資金を貯めた。これは、「無尽」、あるいは「頼母子講《たのもしこう》」と呼ばれるもので、集めた金は、参拝以外の生活資金の融資などにも活用された。イスラム教の巡礼貯蓄銀行は、こうした日本の講と同じ役割を果たしているのである。

マラヤ・ムスリム巡礼貯蓄銀行は、現在では、ルンバガ・タブン・ハジ（巡礼基金公社）と改称され、石油備蓄基地の建設といった大型のプロジェクトにも融資を行っている。

1970年代に入ると、無利子銀行の設立が本格化する。1975年には、最初の近代的なイスラム金融機関と言われるドバイ・イスラム銀行が設立される。その後、バーレーン通貨庁から発展したバーレーン中央銀行や、クウェイト・ファイナンス・ハウスなど、次々と無利子銀行が開設された。

その背景には、オイルショックに見られるように、中東の産油国が膨大な資金を獲得し、いわゆるオイルマネーが潤沢になったという事態が存在した。日本人が、ドバイやバーレーンといった国々の名前をはっきりと認識するようになったのもこの時代以降のことである。

それ以来、無利子銀行は拡大し、中東地域を中心にその数を増やしていく。さらに、欧米の金融機関のなかにも、利子を取らないイスラム金融を開始するところも出てきて、この試みは世界的な広がりを見せている。膨大なオイルマネーが存在する以上、世界経済はその動向を無視できなくなってきたのである。

酒、豚肉、ギャンブルは認めない

無利子のイスラム金融には、いくつかの方法が存在する。ムダーラバ、ムシャーラカ、ムラーバハ、イジャーラ、イジャーラ・ワ・イクティーナ、カルド・ハサンなどといった方法が開発されている。

ムダーラバは、出資者が事業者に対して資金を信託するパートナーシップ契約を結び、投資した事業が完了した時点か、あらかじめ定められた約定返済期限が訪れたときに、両者が、約束した割合にしたがって収益を分配するものである。これは、出資者が事業者に出資し、利息を含めて返済を迫るやり方ではないので、シャリーアにかなったものと考えられている。

ムシャーラカの場合には、事業者とイスラム金融機関が一定の比率で事業に出資し、出資額に応じて配当の受領権や経営の発言権をもつもので、事業が思ったようには進まず損失が出たときには、両者がそれを分担する。

イジャーラはほとんどリースと同じ仕組みで、金融機関が設備などを購入して、それを顧客に貸し、使用料を徴収する。どの方法をとるにしても、利子という形をとることを回避し、なおかつ利潤を得られる仕組み作りがめざされている。

無利子銀行では、一般の金融機関ではもっとも重要な働きをしている利子というものが排除されている。けれども、一般の金融機関と同様に、利潤の追求がめざされ、利子を回避しつつそれを実現する仕組みが作り出されている。無利子銀行は、信託銀行のバリエーションとして見ることも可能であろう。

ただし、無利子銀行の特徴は、利子を取らないということだけに限定されるわけではない。

無利子銀行においては、投資の対象にしてはならないものが定められている。それは、シャリーアによって規定されたものであり、まず、酒を飲むことが戒められているため、酒類を扱う企業は投資先として排除される。また、豚肉を食べることは戒律として厳格に禁止されており、これも投資先として不適格とされる。日本の企業で言えば、キリンビールや日本ハムは、無利子銀行の融資を受けることができないはずである。

さらに、これは今日の資本主義のあり方から考えると極めて重要なことにもなるが、ギャンブルに関係する企業や、ギャンブル性の高い企業も不適格である。銀行などの金融機関も、利子をとっているため適格とは見なされない。

現代における企業の活動は広範囲に及んでいて、果たしてその企業が、シャリーアに照らして見た場合、適格なのかどうかが簡単には判断できない場合が出てくる。それに備えて、イスラム金融機関には、イスラム法学者がいて、投資先が適格かどうかを判断したり、新たな金融商品がシャリーアにかなっているかどうかを判定する。一般の企業でも、顧問弁護士などがいて、外側から企業経営に介入するが、イスラム金融では、法学者がその役割を担っている。この考え方は、イランでの革命の理念となった法学者による統治論の延長線上にあるものと考えられる。

イスラム金融における無利子銀行は、古くから構想はあったものの、システムとしては新しく、その歴史は浅い。その点で、複雑化し、迅速さを求められる現在の経済状況のなかで果たして十分に機能的なのかどうかが問われている。シャリーアに適格かどうかについての法学者による判断にしても、現代には、ムハンマドが生きていた時代にはなかったさまざまな物や制度があふれており、その適格性の判断が極めて恣意的なものに終わってしまう危険性が存在する。また、法学者のあいだで見解が分かれれば、適格かどうかの判断が下るまでに時間を要し、投資の時期を逃してしまう可能性も考えられる。

その点では、無利子銀行がイスラム教の世界に定着し、シャリーアにしたがった経済活動を実践するという本来の目標が達成されるかどうか、それは未知数である。その答えが出るまでにはまだかなりの時間を要することになるかもしれない。

しかし、西欧の一般的な経済システムと比較したとき、イスラム金融の独自性は十分に注目に値する。とくに、深刻な金融危機を生んだ決定的な原因として市場原理主義をバックボーンとした規制緩和の進展があげられるとしたら、イスラム金融はそれとは対極的な方向をめざすものであると言える。

ラクダの胎児を売買するべからず

市場原理主義の背景には、市場には神の見えざる手が働いており、政府などが積極的に介入しなくても自動調整の機能が働き、個々の利害が調整されて、誰にとってももっとも高い利益がもたらされるという考え方が存在している。そうした市場の自動調整機能を働かせるためには、規制を加えることは不要で、徹底した規制緩和を推し進め、政治的な介入を防ぐことがもっとも重要だとされる。市場原理主義の原型は、ジョージ・ソロスも指摘するように、自由放任（レセフェール）の考え方にあるわけだが、その理想とするところは、市場に介入しない小さな政府の実現であるとも言える。

実際に、市場において神の見えざる手が働いているのなら、介入の必要はない。しかし、市場の自動調整機能が働くのは、経済の規模がひたすら拡大を続けている時代においてのみで、ひとたび経済状況が停滞し、拡大が止まると、その機能は働かなくなる。逆に、投資した人間の損失は拡大し、一気に利益が失われる。それはまさに金融危機がもたらした事態そのものであり、市場原理主義が成り立たないことが証明される形になったのである。

市場原理主義を支えるのは、強大な力を発揮する絶対的な神への信仰である。その神は、人間が腐敗堕落したときには、世の終わりをもたらす恐ろしい神でもある。資本主義の勃興期においては、マックス・ヴェーバーが論証したように、世の終わりを恐れる気持ちが禁欲的な労働を生み、それによって資本主義社会は円滑に運用されることになった。

しかし、そうした禁欲的な態度はやがて忘れ去られ、利益の追求だけが至上目的に設定されるようになる。まさにそこには、禁欲とは対極の強欲な資本主義が成立する。人々は、たとえバブルが発生しているとわかっていても、積極的な投資を続ける。それによって、資本主義のシステム自体を破壊しかねない危機を生むことになったのである。

もし仮に、先進国の経済システムがイスラム金融のような仕組みで運営されていたとしたら、世界的なバブルの発生とその崩壊といった事態は生まれなかったはずである。イスラム金融の根底にあるシャリーアにおいては、投機性の高い投資先への出資が制限されており、バブル的な状況のなかで不動産や株に投資することがシャリーアに不適格であると判定される可能性が高い。少なくとも、レバレッジを効かせたデリバティブ取引は、イスラム金融の原理にかなっていない。

『ハディース』には、「ラクダ売買の時に胎内にいる子供も見込んで売買してはいけない」ということばがあり、それは先物取引を禁じたものと解釈されている。これからすれば、イスラム金融で、先物取引を含むデリバティブが容認されることはあり得ない。

それでも、一部、デリバティブに近い方法がイスラム金融にも導入されていると言われる。しかし、そこには、法学者によって見解の相違があり、少なくともデリバティブが全面的に許されているわけではない。その点で、イスラム金融の世界では、バブルの発生を妨げようとする力が働いていると見ることができる。

神ではなく人間が判断する

ユダヤ・キリスト教における神と、イスラム教における神を比較したとき、それは決して異なる存在を意味しているわけではない。

まず、アッラーということばだが、これは特定の神を意味する固有名詞ではなく、アラビア語で神を意味する普通名詞である。したがって、アッラーの神という表現は本来は成り立たない。ムスリムが崇拝し、礼拝の対象としているのは、あくまで名前を持たない絶対的な神なのである。

『コーラン』では、このイスラム教の神は、信仰に対して敬虔なアブラハムが崇拝の対象とした神であるとされている。アブラハムのことは、旧約聖書の「創世記」に描かれており、その物語は、ユダヤ教とキリスト教において共有されている。アブラハムは、長い間子どもを授かることができなかったが、神の力によってかなり高齢になってはじめて子どもを授かる。ところが神は、その子どもを犠牲にするように求めてくる。

アブラハムは、神の指示にいっさい抵抗することなく、ようやく授かった子どもを躊躇うことなく神に捧げようとした。そこに、彼の敬虔さが示されており、イスラム教の神は、まさにこのアブラハムが信仰した神であるとされている。その点で、ユダヤ・キリスト教における神と、イスラム教における神とは同一の存在なのである。

市場原理主義の背景にあるユダヤ・キリスト教の神観念においては、人が神にすべてをゆだねさえすれば最上の結果がもたらされるとされている。人間がなすべきことは、積極的な経済活動や投資であり、経済活動に専念しさえすれば神の強大な力が働いて、市場は安定し、利益がもたらされると考えられている。

それに対して、イスラム金融を生んだイスラム教の神観念では、人間は、神の慈悲深さに対して倫理的、道徳的に答えを出していくことを求められている。神が定めたシャリーアに従うことこそが人として果たさなければならない務めであり、ただ神にすべてをゆだねているだけでは、それは実現されない。しかも人間は、自らが実践する経済行為や活動がシャリーアにかなうものなのかどうか、法学者の手を借りるものの、その判断を絶えず下していかなければならないのである。

西欧の資本主義の精神の根底に禁欲を重んじるプロテスタンティズムの倫理があったとしても、資本が蓄積され、資本主義が発達していくと、そうした倫理は不要なものとして切り捨てられた。その果てに生まれた市場原理主義の世界でも、投資家や企業家に倫理的に正しい行動をとることは必ずしも求められない。

ところが、イスラム金融の世界では、シャリーアに適格かどうかの判断を迫られるため、信仰や倫理、道徳を捨て去るわけにはいかない。その理想としては、神が求めるところにもっとも忠実な人間が、経済活動においても最良の選択を行い、社会全体に最上の利益をもたらすということになるはずである。

このように、イスラム金融と対比させることで、現在の西欧流の資本主義のあり方の問題点があぶり出されてくることになる。それは、倫理や道徳の問題を置き去りにした現代の経済学に対する批判にもなっていくはずなのである。

第8章

日本における「神なき資本主義」の形成

日本型物づくり経営を提唱した松下幸之助（左）と本田宗一郎（右）

「宗教」に無自覚だった日本人

日本人は、「無宗教」を標榜している。

この無宗教の意味については、拙著『無宗教こそ日本人の宗教である』において、分析を加えたが、私の言う無宗教は決して神の実在を否定する「無神論」でもなければ、宗教の存在意義をまっこうから否定する宗教否定でもない。

日本人が、無宗教であると自覚するに至るまでには段階がある。最初の段階は、明治維新後、近代化を迫られた時代に遡る。それまで日本人は、「宗教」という概念を知らなかった。宗教ということば自体は存在したものの、それは、宗派の教えの意味で、今日使われるような教団を組織し、定まった教えをもつ集団の意味での宗教という概念は知らなかった。宗教は、religion の訳語であり、近代になってはじめて日本の社会に導入された。

宗教という概念を知った日本人は、果たして自分がどの宗教を信仰しているのか、それを明確にすることを迫られた。それまでは習合し、密接な関係をもっていた神道と仏教を二つの異なる宗教として区別しなければならなくなった。そこには、近代化とともに禁教が解けたキリスト教の影響もあった。ユダヤ・キリスト教の伝統では、モーセの十戒に示されたように、信仰する神を一つに定めなければならず、ほかの神を信仰することは神に背くこととらえられている。

ただ、明治政府は、神道について、「宗教にあらず」という考え方をとり、それを国民全体に共通する社会的な習俗として、その儀礼に参加することを強制した。それによって、仏教との住み分けが可能になり、日本人はその段階では、ことさら無宗教を意識する必要はなかった。

それは、明治に入るまでに確立されていた日本人の信仰体制に則ったもので、村などの地域共同体においては、神道に属する氏神への信仰と、仏教を基盤とした祖先崇拝の信仰が共存していた。

日本人が、本格的に無宗教であることを自覚するようになるのは、むしろ戦後になってからのことである。戦後の社会においては、創価学会をはじめとする新宗教が勢力を拡大し、巨大教団に発展した。とくに創価学会の場合には、他の宗教や宗派の信仰を認めない立場を取り、それを激しく攻撃するとともに、「折伏《しゃくぶく》」と呼ばれる強力な布教活動を展開して、社会と衝突した。そうした事態を前にして、自分が社会的に騒ぎを起こす新宗教の信者でないことを明確に表明するために、無宗教という言い方が広く使われるようになる。

その意味で、日本人が無宗教を標榜するようになるのは最近のこととも言える。

神社とお寺と教会を掛け持ち

このような経緯を経て無宗教の意識が社会に浸透するが、一方で、日本人は無宗教であるがゆえに、さまざまな宗教や宗派の信仰を自分たちの宗教生活のなかに取り込んできた。神道や仏教はもちろん、儒教や道教、さらにはキリスト教でさえ、クリスマスやキリスト教式の結婚式という形で受容してきた。イスラム教については、今のところ取り入れられていないが、それは、イスラム教には年中行事や通過儀礼の性格をもつ各種の儀礼が発達していないからで、もしそうしたものが存在したとしたら、いつかそれも日本の宗教の枠のなかに取り入れられるかもしれない。

しかも日本人は、宗教活動についてかなり熱心である。正月の初詣については、一般に信仰活動としてはとらえられず、たんなる風習、習俗として考えられているものの、仏教の寺院や神道の神社に出向いて礼拝を行うことは立派な宗教行為である。ほかにも、日本人は頻繁に宗教施設に出かけるし、日常生活のなかでも、宗教に由来したり、関連する行事に参加している。一般の日本人の生活のなかで宗教に関連する部分は多い。寺院や神社、あるいは教会といった宗教施設の隆盛などを見ても、日本人は宗教に対して高い関心をもっていると言わざるを得ない。

このように日本人は、無宗教と言いつつ、さまざまな宗教に由来する活動に従事している。それを宗教として自覚しないのは、それだけ社会生活に深く浸透しているからだとも言える。私が、「無宗教こそ日本人の宗教である」と言うのも、自分は無宗教であるという言い方のなかに、日本人の宗教の本質的なあり方が示されているからである。

もう一つ、日本人が無宗教を標榜する理由としては、特定の宗教に対する信仰を自覚する経験を経ていないということがあげられる。神道や仏教の信仰活動にかかわっているものの、自分が神道の信者になったとか、仏教の信者になったと自覚する瞬間を経験していない。神道でも仏教でもキリスト教の洗礼に当たるような機会はなく、それが信仰の自覚のなさに結びついている。

ただしそれは日本に限られることではなく、むしろどの国にも当てはまる。多くの国では一つの宗教が圧倒的な力をもち、国民はほとんどがその宗教の信者になっている。そのため、とくに信仰を選択したり、信仰を獲得したという自覚をもたないことが普通である。たとえば、アメリカ中西部の保守的な家庭に生まれれば、そのまま右派的なキリスト教の信仰をもつようになるし、サウジアラビアに生まれれば、スンニ派のムスリムとして自分の信仰をもつようになる。そこには選択の余地はなく、生まれが信仰を決定する。それは、日本での状況と本質的には変わらない。

一神教と多神教

一般には、西洋の宗教と東洋の宗教とを対比させるとき、一神教と多神教の対立という形で両者の特徴が区別されることが多い。たしかに、ユダヤ教や、その影響下に生まれたキリスト教やイスラム教は一神教で、この世を創造した全知全能の神への信仰が核になっている。それに対して、日本を含め、中国やインドなどの東洋の国々では、多様な神々が信仰され、唯一の神がもっぱら信仰されるようにはなっていない。その点では、西洋の宗教は一神教で、東洋の宗教は多神教であるという対比が成り立つ。

しかし、一神教における神と、多神教における神々とは、根本的に性格を異にしている。一神教の神は、この世を創造した唯一の神で、その力は絶対的なものと考えられている。一神教の神は、自らが創造した世界に対して圧倒的な影響力を発揮し、世界全体の動向を左右する。だからこそ、ここまで見てきたように、経済に関連して、神の見えざる手という考え方が生まれたり、終末論的な受け取り方がされるわけである。

それに対して、多神教の世界では、神の力ははるかに弱いもので、その影響力は限定的である。それは、一神教の世界で一つの神に集中していた権力が、数多く存在する神々に分散されるからではない。多神教における神々は、それぞれが一定の役割を担っており、人々の期待に沿うような利益をもたらすことを望まれているものの、たとえそれらが寄り集まり束になったとしても、世界に対して絶対的な力を及ぼすとは考えられていない。多神教の神々が、神話などで極めて人間に近い存在として描かれるのも、人間とそれほど変わらない力しか発揮できないとされているからである。

一神教の広がった国や地域においては、世界の存立や動向に対して、神が一定の、あるいは決定的な影響力を発揮していることが前提とされている。それは、科学が発達した現代の社会でも、基本的に変わらない。いくら宗教の世俗化が指摘されるような状況になってきたとしても、人々が神の存在を無視することはない。ところが、多神教の世界では、神々が常に世界の存立にかかわったり、その動向を左右するものと考えられてこなかったのである。

たとえ一神教の世界であっても、経済現象を説明するために、経済学者が直接神の力について言及するわけではない。もし、そうした経済学者がいたとしたら、まともな学者としては評価されず、アカデミズムからは排除されることであろう。神学者であれば、神の力が世界に影響を及ぼしていることを前提に議論を進めることができるが、経済学の分野ではそれは不可能である。

しかし、アダム・スミスの理論がそうであったように、経済学の理論を受けとる側は、市場に神の力が及んでいるものとして考え、理論自体を変容させていく。経済学の理論は、たとえ今日の数理経済学や金融工学にもとづくものではなくても、本来難解であり、素人がそれを正しく受け入れられるものではない。それでも、経済学の理論は社会的な影響力をもっているために、一般の人々は、それを自分たちの考えられる範囲で受け入れようとする。素人流の解釈は、分かりやすい半面、もともとの理論の中身からは相当に遊離している。そこには、経済学の理論自体と、改変されて受容された理論の解釈とのあいだの乖離が生まれる。あらゆる経済学の理論は、そうした運命をたどってきた。ケインズの経済学が、公共投資による有効需要の創出を説いたものだと単純に解釈されているのは、その代表的な事例である。

これが、経済学以上に難解な物理学の理論であれば、素人的な解釈が試みられることはない。アインシュタインの相対性理論は、高度な知性を備えた人間でさえ理解することが難しく、素人が俗流の解釈を施すことはできない。それも、相対性理論がいかなる性格の理論であったとしても、現実の社会に生きる一般の人々の暮らしに直接的な影響を与えることがないからである。

ところが、経済学の場合には、それをもとに経済政策が議論されたり、さらには政策自体が立案されていく。そうである以上、一般の人々も経済学に注目せざるを得ない。ケインズの流れを汲むケインジアンが政策決定に関与しているならば、ケインズ経済学を理解しないと、政策を理解したり、政策が実行に移されたことによる将来予測をすることができない。社会的な需要があるからこそ、経済学の俗流解釈が社会に広まり、影響力をもつのである。

その際の受け取り手は、この世界に神が存在し、神の力が経済現象にも及んでいると考えるユダヤ・キリスト教圏の人々である。経済学者自体にもそうした傾向があり、決定的な力をもつ神の実在を想定することで、世界の動向や行く末を占おうとする。そして、市場には神の見えざる手が働いているという考え方をとったり、終末論的な発想にもとづいて資本主義の崩壊を恐怖したり、逆に待望したりするのである。

罰がくだらない仏教

東洋の宗教にも、終末論的な発想が存在しないわけではない。東洋的な終末論の代表が、日本でも平安時代の終わりから鎌倉時代にかけて仏教界を席捲した「末法思想」である。仏教では、ブッダが亡くなってからしばらくの間は、正しくその教えが伝えられるが、やがてそれが伝わらない時代が訪れ、その際には、天変地異などの災厄が起こるという考え方がある。これが末法思想である。

世の終わりに結びつくという点で、一神教における終末思想と、仏教の末法思想とは共通性をもつが、両者には決定的な差異がある。一神教の終末思想においては、世の終わりをもたらす主体として神が明確に想定されているのに対して、仏教の末法思想では主体となるものが想定されていない。世の終わりは、時間の経過とともに、いわば自動的に訪れるのであって、それを引き起こす超越的な主体は想定されていないのである。

一神教の終末論では、神は、自らが創造した人間が腐敗堕落しているのを見て、それで世の終わりをもたらすと考えられている。世の終わりは、神からの罰になるわけで、「神罰」にほかならない。ところが、仏教の末法思想には、必ずしもそうした神罰的なニュアンスは含まれない。人間の側が、どのような姿勢を示そうと、末法の時代はある時期が過ぎれば必然的に訪れると考えられている。日本では、釈迦が亡くなってから２０００年後に末法の時代に入るとされ、その最初の年は１０５２年であると考えられた。

一神教の神は人格神であり、人間と同様に明確な意志をもち、感情をもつとされている。神もまた、喜びもすれば、怒りもする。終末は、神の怒りが頂点に達したときに起こるもので、神による感情的な対応である。

神が意志や感情をもつということは、人間と神とのあいだでコミュニケーションが成立する余地があるということでもある。コミュニケーションが成り立つならば、人間の側がどういった行動に出るかで、神の姿勢も変わってくる。

仏教の世界にも、仏という存在がある。仏は本来、修行を重ねた人間のことであり、現実の社会と隔絶したところにある超越的な存在としてはとらえられない。そして仏教では、無や空といったことが強調される。世界を生み、その後の世界の動向に決定的な影響を与える存在として、仏のあり方が考えられているわけではない。

仏教において、この世界を成り立たせているのは縁起や因果といった法則である。世界に存在するものは、何らかの縁によって生み出されたものであり、因と果の無限の繰り返しによって、この世界が形作られ、変化が生み出されていくと考えられている。そうした世界観が、一神教の世界観と決定的に異なる点は、世界を生んだ究極的な存在や動因といったものが、まったく想定されていないことである。

したがって、神の強力な力を想定する一神教の世界と、そうした力を想定しない世界、それを仮に「神なき世界」と呼ぶならば、そうした世界では、同じ市場原理主義に対しても、異なるとらえ方がされることになる。

一神教の世界では、経済の世界にも神の力が深く及んでいると考えられ、神の見えざる手の働きが想定される。ところが、神なき世界においては、市場に神の力が及んでいるとは考えられない。もちろん、神なき世界の住人も、近代化、西欧化の影響で、神の見えざる手という考え方が存在することは認識している。アダム・スミスの理論が神の見えざる手の経済学として受け取られていることは理解している。

だが、神なき世界の住人は、市場の動きをコントロールできるほどの力をもつ強大な神を信仰していないことはもちろん、そうした神をイメージできないため、市場の万能性を本当の意味で理解することはできない。それを信頼することも、信仰することもできないと言った方が正しいかもしれない。

神なき世界の住人も、規制緩和の重要性は認めるかもしれない。だが、規制がなくなり、市場が自由になれば、それでお互いの利害が調整され、豊かさがもたらされると、実感をもって受けとることはできないのである。

それは、終末論的な危機のとらえ方についても言える。神なき世界の住人も、一神教についてある程度の知識があり、終末論がいかなる信仰であるかを理解している。旧約聖書の物語についても、一定の知識を有している。バベルの塔の物語や、ノアの箱船の物語についても、その内容は知っている。したがって、同時多発テロの際の超高層ビルの崩壊がバベルの塔の物語に引きつけられて理解されるであろうことを予想できる。

だが、世界を破壊に導くほど強大な力をもつ神を、神なき世界の住人はとても実感をもってイメージすることはできない。神なき世界の住民が知る神は、むしろ人間に近い存在である。神の怒りが世界に決定的な危機をもたらすことを恐怖する心性は、神なき世界では成立しないのである。

稲作が生んだ村落共同体

では、神なき世界の住人は、人格的な神とのコミュニケーションなしに、いかにして自己を律してきたのであろうか。決してそこには、無秩序な世界が展開されているわけではない。神は不在でも、世界には秩序が与えられてきた。むしろ、神なき世界の方が、一神教の世界よりも秩序だっていると見ることもできる。

神なき世界のなかには、日本だけではなく、中国も含まれれば、インドも含まれる。韓国や東南アジア、南アジアの国々も含まれる。インドにはイスラム教が、韓国にはキリスト教が浸透し、相当な影響力を与えているものの、インドでは土着のヒンドゥー教の影響力が強い。韓国でも、依然として儒教の力は強い。韓国のキリスト教のなかには、日本で言えば、新宗教のような周辺的な宗教としての性格をもっているものもある。

ここでは、話をとりあえず日本に限ることにする。中国やインドにおいても、最近では経済発展が著しく、独自の資本主義の体制が整えられつつあるものの、その歴史は浅い。日本は、近代化については後進国としてスタートしたものの、驚異的な発展をとげ、世界第2位の経済大国にまでのぼりつめてきた。

日本で、神の代わりをしてきたものとしてあげられるのが、共同体の存在である。とくに近世に発展を見せた村落共同体は、日本社会における共同体の原型であり、それは、人間関係の基盤になるとともに、近代的な組織のモデルともなってきた。神の代わりだと言うのは、社会規範の基盤になってきたからである。

日本人は、日本の村落共同体に見られるような、強固な地域共同体がどの社会においても存在するかのように考えてしまうが、むしろ日本は例外的で、共同体的な結合は日本がもっとも強力であると言える。戦前の農業経済学の世界では、中国に村落共同体が存在するかどうかをめぐって議論があり、むしろ存在しないという否定的な見解の方が有力だったほどである。

日本で村落共同体が形成される上で決定的な役割を果たしたのが、水田耕作という稲作の方法だった。稲はもともと南の熱帯の地方で栽培されていて、そこでは、種を播き、生えてきた稲を刈りとるだけの粗放な稲作が営まれていた。

もともとは南の植物である稲を日本のような温帯で育てるためには、稲を一定の温度に保っておくことが必要で、そのために活用されたのが水田耕作の方法だった。稲を水のなかで育てることで、温度管理が可能になった。

ところが、水田の場合には、村にある田に満遍なく水を供給する必要があり、そのためには水利の共同管理が必要であった。さらに、田植えや収穫は、田によって時期が限定されるため、村の人間が協力して作業にあたらなければならなかった。そうしたことから、水田耕作を実践する村では、共同での労働や管理を通して緊密な人間関係が生まれ、そこに村落共同体が誕生することになったのである。

村落共同体は、内側で完結した社会であり、そのなかには、いくつか家が含まれている。宗教的には、村全体で祀る氏神が存在し、それは村を統合する役割を果たした。その氏神に関連する祭りは、村にとって最大のイベントとなり、村人は、それぞれの経済状況や家の格に応じて、祭りの際には仕事を分担し、それを盛り上げた。

一方、それぞれの家では、その家を創始した祖先を供養する祖先祭祀《さいし》が営まれ、それが家を統合させる機能を果たした。祖先祭祀については、葬儀を村にある菩提寺が営んだため、仏教の役割となった。氏神と菩提寺とは、それぞれが役割を分担することで、共同体のなかで共存することになった。

この氏神にかんしては、それを一神教における神に近いものとして理解しようとする学者も存在する。民俗学の原田敏明などがそうした主張を展開しており、その点については拙著『日本人の神はどこにいるか』(ちくま新書)で詳しく述べた。原田が批判した民俗学の創始者、柳田國男は、氏神が実は各家で祀られた祖先神と同一のものであるという主張を展開しており、原田と柳田の説を統合すれば、日本人も、それぞれの村においては、神道と仏教の枠を超えて唯一の神を信仰してきたことになる。

ただし、そうした神には創造神としての性格は欠けており、共同体の運命を左右するものではあっても、世界全体に圧倒的な影響力を発揮するものとは言えない。村落共同体で重要なのは、神仏よりも共同体という組織であり、村に生きる人間の生存は共同体に依存していた。実際、村には、「村八分」といった制裁の機能もあり、村に生きるかぎり、共同体の掟や制約に従わざるを得なかった。

貧富の差が拡大しないシステム

稲作を中心とした村落共同体において、経済という面で注目しなければならないのは、土地の所有の問題である。村で重要な土地は稲作を栽培する田になるわけで、それぞれの田は各家で所有されている。そこには、地主と小作との関係なども生じたが、話を単純化するために、ここでは仮に村人がすべて田を所有する自作農であるとする。

ある時点においては、家によって所有する田の面積には差が生まれ、多くの田を所有している家もあれば、それほど多くの田を所有していない家もある。それは、経済的な格差を生むだけではなく、村における家の格の問題にも影響を与え、格の高い家は、村祭りや葬儀などの際にそれ相応の経済的な負担を求められる。その代わりに、氏神の祭祀で重要な役割を与えられたり、院号のついた格の高い戒名を授与されることを許された。

しかし、多くの田を所有している家であっても、当主が亡くなると、後継者である息子たちにその田を分配しなければならなくなる。もし均分相続が行われるならば、個々の息子たちが所有する田の面積は、親のものに比べてはるかに狭くなる。長子や末子だけが相続する習わしになっている地域では、後の兄弟たちは、新田を開拓するなり、村の外に出なければならない。

相続を通して、田を多く所有していた家は、その規模が縮小していく。それが代々繰り返されていく。それによって村に大土地所有者が生まれることはない。それは、村のなかで貧富の差を拡大していかないことに通じていく。こうした仕組みが確立されることで、富める者がますます富み、貧しい者がいっそう貧しくなっていく事態が食い止められる。それは、村に生きる人間全体の勤労意欲を高めることになり、また、共同体に対する信頼を生むことにつながっていく。

村落共同体は、中世の終わりに生まれ、近世において大きく発展していく。村落共同体が機能することで、生産性は上がり、豊かさと安定がもたらされた。徳川時代が２５０年以上も続いたのも、生産基盤となる村落共同体が確立され、それが一般の人々の暮らしを支える役割を果たしたからである。

こうした村落に生きる限り、人よりも多くのものを所有しようとする願望を抱いたとしても、そこには限度がある。たとえ、個人的な努力によって田を買い増すなどして耕作する田を増やしていっても、代が替われば、それをそのまま所有し続けることは難しい。しかも、それぞれの田は、他の田に対して水路の役割を果たしているので、一体の関係にあり、水利を独占するなどといったこともできない。

そうした状況のなかでは、個人だけが、あるいは一つの家だけが繁栄を享受するということは不可能で、それぞれの人間や家では村全体のことを考えていかなければならない。村全体が繁栄することが、そこに属するそれぞれの家を富ませることに通じ、ひいては個人の幸福の増進に役立つ。それは、村に生きる人間に、特有の倫理観、道徳を与えることになる。個人は、家や村といった共同体のために生きることを求められ、勤労を欠かさないことが重視されるのである。

これは、西欧で生まれた経済学において前提とされている「経済人」の概念とは大きく異なるものである。経済人は、homo economicus と呼ばれ、合理的な経済活動を実践する存在として考えられているが、その合理性とは、もっぱら自己の利益の追求を目的として最適な行動をするというところにあると考えられている。

市場には、自動調整機能が働いているという考え方が必要になってくるのも、その前提にこの経済人の存在があるからで、それぞれの人間が、もっぱら個人の利益だけを追求していくならば、弱肉強食の世界が生まれるはずである。ところが、市場には、個々人がひたすら自己の利益を追求しても、逆に、それを追求すればするほど、全体が調整され、最大限の利益がもたらされる仕組みが備わっているとされたのである。

ここで仮定された経済人と、日本の村落共同体に生きる人間の経済観、倫理観は大きく異なる。その点は極めて重要である。経済人の概念と神の見えざる手への信仰は対をなしていて、密接不可分である。それに対して、個々の人間が、共同体全体の利害を考えて行動することを前提とする、「村の経済学」においては、神の見えざる手が働いている市場というものを必要とはしない。村の経済学での個人は、homo economicus ではなく、共同体の維持を最優先する homo communitus とも言うべき存在なのである。

共同体としての日本企業

日本の企業組織を考えた場合にも、こうした村落共同体の組織原理の影響は大きい。日本の企業には歴史の古いところが多く、１００年を超える歴史をもつ企業もめずらしくはない。東京商工リサーチの調べによれば、その数は全国で2万1066社にのぼり、企業全体のおよそ1パーセントを占めている。創業された年が最も古いのが、寺社建築工事の金剛組で、その創業は飛鳥時代の578年に遡る。金剛組は、1400年以上の歴史を誇っている（『日本経済新聞』２００９年8月13日付）。

企業が長寿なのも、それぞれがひたすら利益追求を行うだけではなく、共同体としての存続を優先させてきたからである。企業が長く続くためには、そこに属する社員が、組織に愛着をもち、個人の利益を考える前に企業全体の利益を考える習性を身につけていなければならない。

その上で、重要な働きをしたのが、「日本的経営」と呼ばれるシステムである。日本的経営の柱は、終身雇用、年功序列、企業内組合からなるが、とくに前の二つは重要で、雇用が安定し、企業に属している年月が長いほど経済的に恵まれる仕組みが作り上げられることで、個人と組織とが一体化し、企業は共同体としての性格を強く持つようになっていった。

今日では、日本的経営のあり方自体に対して見直しの動きが起こり、また、経済環境の根本的な変化などで、非正規雇用や成果主義の採用などという動きが生まれ、企業はしだいに共同体としての性格を失いつつある。しかし、金融危機が勃発する以前、外資によるM&Aが積極的に行われた時代に、企業はいったい誰のものかという議論が巻き起こったとき、企業買収などの動きに反発が生まれたのも、依然として日本には企業を共同体としてとらえようとする傾向が強いからである。

日本企業の多くも、株式を上場し、それによって資金調達を行っている。株式を上場すれば、株主が生まれ、原理的には、企業を所有しているのは、株主ということになる。企業は、その株主に高い配当を与えるために業績を上げていかなければならない。そして、株主は、株価が上昇すれば、それを売り、利益を上げる。その際に、大株主が現れ、それによって、合併や吸収が起こったり、経営陣が一新されるという事態が生まれる。

それは、株式を上場した企業の宿命であり、企業はあくまで株主のものであるという点が強調された。しかし、各企業は、企業防衛策をとるようになり、それによって合併や吸収を防ぐようになった。企業防衛策を実行に移すには相当のコストがかかり、それは企業の収益を圧迫することにもなりかねない。だが、そうした対策が是認されたのも、日本には、企業は決して株主だけのものではないし、むしろそこで働く社員、従業員のものでもあるという感覚が強いからである。

企業が共同体的な性格をもってくると、その存続が優先され、不祥事が起こったときに、それを組織ぐるみで隠蔽するといった事態も起こりうる。三菱自動車などの事件は、その一例である。その点では、共同体的な性格をもつ組織は大きな問題を抱えており、内と外との区別が明確にされ、内側のことが優先されることで、社会的には問題がある行動をとることもある。

一方で、共同体的な性格をもたない欧米の企業、とくにアメリカの企業では、株主への配当が優先されるため、短期的な利益の追求がもっぱらめざされる。それによって、長期的な戦略がないがしろにされるだけではなく、企業の資金を金融市場に投資して、利益を上げようとするような行動が目立つようになる。その問題点は、金融危機を通して明らかになった。市場全体に危機が訪れれば、一気に莫大な損失を出し、企業の存続が危うくなるからである。

経営者や幹部が桁違いの巨額の報酬を得るということは、欧米の企業では是認されるが、日本の企業においては許されない。それは、仕事のシステムが異なっているからで、アメリカの企業などでは、ボスの権限が絶対で、部下はひたすらその命令に従って行動することになるが、日本の企業では、上司の権限は制限され、むしろ部下によって祭り上げられる存在である。

上司は、何か問題が起こったときには、最終的な責任をとらなければならないが、個別の仕事にかんしては、命令を下さなくても、部下が協調して仕事をし、個々の事柄について独自に判断していく体制が作られている。そうした形で仕事が進められている日本の企業のなかで、上司だけが巨額の報酬を得ることは難しいし、社員の納得は得られない。

ユダヤ・キリスト教の伝統のなかで、禁欲という考え方が強調されるのも、人間は本来、自己の利益のみを考えて行動する存在であり、そのまま放っておけば、強欲な方向に流れると考えられているからである。そうした人間に対して、神は欲望を抑えることを要求し、信仰を追求しようとする人間は、それに答えようとする。

それに対して、日本では、禁欲はそれほど強調されない。欲望を抑えるにしても、それは節制と呼ばれ、禁欲ほど徹底したものは求められない。それも、個人の側に、自己の利益をひたすら追求しようとする心理的な態度が形成されていないからで、神が禁欲を求めなくても、強欲な行動に走ることが少ないからである。とくに、共同体の規制が働いているところでは、個人がもっぱら自己の利益のみを追求する方向にはむかわない。

ユダヤ・キリスト教でも、イスラム教でも、利益を追求し、それを達成して金儲けを果たした人間には慈善活動や喜捨が求められる。それには、富の再分配の機能があり、金持ちは貧しい者に対して施しをするのが前提であり、貧しい人間の側は、それを当然のこととして受けとる。

日本でも、仏教の教えに従って、喜捨（布施）が実践されるが、富の再分配の役割はそれほど大きくはない。喜捨は、むしろ信仰の現れとしてとらえられる。「貧者の一灯」ということばがあるように、たとえ貧しくて、それほど多くの額を喜捨できなくても、そのなかでやりくりし、神仏に金や品物を捧げることこそが尊いとされている。

そこには、経済格差の拡大を前提とした上で、富の再分配をいかにして実現していくのかという考え方はそれほど見られない。それも、そもそも共同体においては、無制限な経済格差の拡大が起こらない仕組みが作られているからである。

共同体の倫理と資本主義

マックス・ヴェーバーは、資本主義がイングランドやオランダなど、プロテスタントがその勢力を拡大していた地域で勃興したという事実を踏まえ、その精神の背後に、カルヴィニズムやピュウリタニズムといった世俗内における禁欲を強調するキリスト教の倫理の影響を見ようとした。

日本の場合は、資本主義の後進国になるわけだが、先進国に一刻も早く追いつくことを求めて、急速な近代化を果たし、経済力を備えていった。その試みは、第二次世界大戦の敗戦によって、いったんは頓挫したものの、戦後には驚異的な経済発展を実現した。それは、日本に資本主義が根づいたことを意味しており、その背景には、経済活動の基盤となる共同体の存在があった。日本の資本主義の精神は、共同体の倫理に由来する。

その点で、日本型の資本主義を、「共同体的資本主義」としてとらえることができる。戦後の日本社会は、それを背景に、一時は「一億総中流社会」を実現したと言われるほど、経済格差を縮小し、しかも、膨大な中流階級を生み出した。日本が社会主義国以上に社会主義を実現し、平等な社会を築き上げていると言われたのも、そのメンバーの全体的な幸福の実現に貢献する共同体が基盤になっていたからである。

日本のように、多神教で、さらには無宗教である神なき世界において、神の見えざる手や終末論的な信仰が広く受容されることはない。世界を支配し、その動向に決定的な影響を与える唯一絶対の神という存在をイメージし、それを受け入れることができないからである。

日本の社会が、強力な神への信仰を必要としなかったのも、島国として、その統合を脅かされることが少なく、実際、他の国に侵略され、支配されるという歴史を経てきていないからである。しかも、社会的な基盤として、村落共同体をベースとした共同体の組織が機能するようになり、近代化や資本主義の移入はそれをもとに実現された。

日本には、「神なき資本主義」が形成された。それは、欧米の資本主義とは様相を異にしている。しかし、これまで、神なき資本主義という角度から、日本社会における資本主義のあり方は十分に把握されたり、分析されたりはしてこなかった。

私たちは、資本主義が大きな転換点に差しかかっている今、神なき資本主義の実態を明らかにすることで、これからの経済の動向を占っていかなければならない。

金融資本主義より物づくりが好き

一神教の世界において、金融資本主義が過剰なほど発展を見せてきたのも、市場には神の見えざる手が働いているという信仰が存在し、市場に全面的な信頼を寄せることができると考えられたからである。あるいは、金融業者や金融機関は、人々のあいだにそうした信仰が広まっていることを前提に、積極的な投資を促すことができた。

しかも、世の終わりにおける神の裁きの信仰があり、悪は徹底して滅ぼされ、永遠に地獄に落とされるものの、善なる者には神の究極的な救いがもたらされると考えられてきた。人間誰しも、自分が悪の側にあって地獄に落とされる運命にあるとは考えない。逆に、ノアの箱船の物語に象徴される選民思想を背景に、自分こそが最終的に救われるのだと考える。投資もまた、この信仰にしたがって正当化され、たとえほかの人間たちが投資に失敗して破滅しても、自分だけは救われると信じることができる。

そう考えると、金融資本主義の成立そのものが、ユダヤ・キリスト教の信仰と密接な関係をもっていることになる。金融危機を経験しても、金融資本主義に根本的な反省が加えられず、すぐにその傾向が復活してくるのも、その背景に数千年にわたる信仰の歴史が横たわっているからである。

反対に、神なき資本主義を形成してきた日本人は、市場に絶対的な信頼を寄せることができず、金融市場への投資に対して懐疑的な思いを抱き続けてきた。一般の国民に貯蓄志向が強く、投資に対して必ずしも積極的でなかったのも、それが関連する。まして、近年のアメリカ人のように借金してまで貪欲《どんよく》に消費する傾向が国民全体に広がることはない。バブルの時代には、いくぶんその傾向が見られたが、その崩壊後は慎重で、実際、サブプライム・ローンを組み込んで商品化された金融商品には、日本の金融機関もあまり手を出さなかった。

日本人が信頼を寄せることができるのは、目に見えない神ではなく、人であり、物である。日本人が物づくりということに強いこだわりをもち、そこに賭けてきたのも、洗練された技術を確立することができるなら、世界の諸国と十分に勝負することができ、安定した経済を実現できると確信してきたからである。

日本でも、世界の趨勢から金融資本主義の傾向が強まり、一時はそれを背景にのし上がってきた若い世代が脚光を浴びたこともあった。だが、多くの日本人は、そこに疑いをもち、不安も抱いていた。そして、そうした若い世代が断罪されると、それに納得し、自分たちの感じた疑いや不安には十分に根拠があったと感じるようになっていった。

生産拠点の海外移転など、物づくりを基盤にした神なき資本主義の体制は、今や大きな転換期にさしかかっている。だが、日本の社会が全面的に金融資本主義にのめり込んでいくことはないだろうし、共同体的な企業組織を基盤とした物づくりを捨て去ることはないであろう。神なき資本主義においては、決して強欲に成りきることはできないのである。

おわりに

　考えてみると、経済という現象は、非常に不思議な現象である。いったい、何をもって経済と呼ぶのか、それを突き詰めて考えていくと、その正体をつかむことが難しくなってくる。

　本書の「はじめに」において、世界の関心が、政治から経済に移ってきたことを指摘したが、政治の場合には、経済に比べると、はっきりと実体を伴っている。少なくとも、政治には、その担い手が存在し、それぞれの人間が、具体的な活動、政治活動を展開している。職業的に政治活動を実践する人間は、「政治家」と呼ばれる。政治家を含めた人間から離れた抽象的な政治の世界があるわけではない。

　それは、一般には経済以上に不思議な現象と思われている宗教についても言える。宗教には、やはり担い手が存在し、専門に宗教活動を展開する人間は、「宗教家」と呼ばれる。

宗教の世界で信仰される神や仏の世界になってくると、人間界からは遊離した抽象的な世界だが、宗教の実践自体は、決して抽象的なものではない。

それに対して、経済の場合には、「経済家」という言い方は成り立たない。それは、もっぱら経済活動を専門的に担う人間が存在しないことを意味する。経済の世界には、この地球に存在するすべての人間が関係しており、何らかの形で金銭が介在する行為は、すべて経済活動に含まれる。そして、経済という現象は、個々の人間の営む経済活動の総和ではあるものの、そこからは離れた抽象的な性格をもっている。

たとえば、金融危機も経済現象の一つであるわけだが、いったい誰がその引き金を引いたのか、それを特定することはできない。サブプライム・ローンを含んだ証券化商品を積極的に売りさばいた金融機関の人間の倫理的な責任や、それを放置した経済政策の専門家の責任が問われることはあるが、金融危機を生む下地となったアメリカでの住宅バブルを生んだ直接の責任者が存在するわけではない。

金融危機は、台風のような自然災害の襲来に似ている。台風は何もなかったところに突然生まれ、多くの災害をもたらす。台風は、その季節になると必然的に生み出されてくるもので、台風そのものを消滅させる方法は存在しない。今回の金融危機は、これまでのバブルの経験から、ある程度発生を予測できるものではあったかもしれないが、いったんその方向にむかってしまえば、誰もそれを食い止めることはできない。

経済活動を実践しているのは、個々の人間や組織、機関であるわけだが、世界中のすべての人間がそのなかに組み込まれる。また、自然現象なども影響を与えるため、経済の動きはあまりに複雑すぎて、その全貌はとらえようがない。各種の経済指標によって、現在の経済がどのような状況にあるのかを把握することはできるようになっているが、経済そのものは目に見えない。それは、個人の健康状態を推し量るための診察結果だけがあって、肝心の人体が存在しないような状態である。

これほど経済ということが重要視される状況になってきたものの、私たちは、経済の姿を直接目にすることもできなければ、それを手でさわって確かめることもできない。政治なら、政治活動を実践する人間の具体的な活動を通して、それが盛り上がりを見せているかどうかを判断できるし、宗教活動の場合も同じだが、経済が盛り上がりを見せているのかどうか、それさえ目で確かめることはできない。せいぜい、繁華街がにぎわっているとか、至る所で建設工事が行われているとかいったことから好況であることを判断するしかないが、それは間接的なもので、しかも、直接経済の状況を判断する指標になりうるのかどうか、不確かな場合も少なくない。

経済学は、こうした目に見えない極めて抽象度の高い経済という現象を、理論化したり、統計的な数値で表現することによって、具体的に把握する手立てを与える学問である。その点で、目に見えない神という存在について明らかにしようとする「神学」に近いとも言える。

政治という現象は、それについて分析を加える政治学という学問が成立していなくても、それ自体で存在する。宗教という現象も、それについて分析を加える宗教学という学問が介在しなくても、それ自体で存在する。

だが、経済という現象は、経済学というものが存在しなかったとしたら、自立的に存在しうるものなのだろうか。それは、哲学的な議論にもなってくるが、経済という現象自体の成立は、経済学の成立と並行するもののように思えるのである。

それは、素粒子物理学という学問分野に近い。素粒子物理学は、物質の究極的な源、最小の単位を明らかにしようとする試みだが、究極的な物質はあまりに微細で、人間の目で見ることはできない。したがって、その探求は、最小単位となる物質を探すという形をとらない。素粒子物理学の研究者は、頭のなかで仮説を組み立て、究極の物質がいかなる性格をもつものなのかを明らかにしていく。そして、それを確認するための方法を開発し、その上で仮説を検証していくことになる。

素粒子物理学という学問の存在がなければ、最小単位の究極の物質というもの自体が意味をなさない。それと同じように、経済学というフィルターを通さなければ、経済は目に見える形で可視化されてこない。そこに、経済現象の特異性、経済学の特殊性があると言える。

しかも、経済学では、仮説ということが極めて重視されている。第４章で、合理的期待形成仮説についてふれたが、そこでは、将来にわたって市場の均衡が成立することなどが前提とされ、その上に、経済学の理論が組み立てられていた。それは、現実に存在する経済現象から帰納的に理論が組み立てられるのではなく、特殊な前提にもとづいて演繹的に理論が組み立てられることを意味する。仮説である以上、それが現実に妥当するかどうかが問題になってくるはずなのだが、その妥当性を検討するよりも、仮説がどれだけ説得力をもちうるかの方がはるかに重視される。それも素粒子物理学と似ている。

こうした仮説から出発する学問のあり方は、少なくとも社会科学では経済学だけである。法学や政治学、あるいは社会学では、現実から出発し、帰納的に理論を組み立てていく。

まず仮説を立てて、現実には存在しないモデルをもとに経済現象の本質を明らかにしようとする経済学の方法論は、考えてみればかなり特殊である。

宗教学の立場から、経済学と神学との類似性を指摘したくなるのも、それが関係する。神学では、科学的な、あるいは現実的な証明が不可能な神の実在が前提とされ、その上に、理論が組み立てられている。それは、経済学でも同じなのではないか。そう思わざるを得ないのである。

経済学というフィルターを通さなければ、私たちは、経済がどのような状況にあるかを推し量り、判断することができない。その点で、経済という現象の重要性が高まってきた今日の時代において、経済学の役割は大きなものとなり、経済学者、あるいはエコノミストの存在感は高まっている。

神のメッセージにしても、それを個々の信者が直接にたしかめることができない。それを確かめられるのは、特別な能力をもち、その立場にあると認められている宗教家であり、占い師や預言者である。媒介者を通してしか神のメッセージを知ることができないように、経済学者やエコノミストを通してしか、私たちは経済の現状やその変化を知ることができない。今日の社会において、経済学が重要性を増し、経済学者の発言力が高まってくるのも、必然的な現象なのである。

ところが、経済という現象は、あまりに複雑でとらえどころがない。グローバル化以前なら、国家という閉じた枠組みのなかで経済現象をとらえていけばよかった。貿易という国家を超えた商取引はあったものの、関税をかけるなど、国家がその量をコントロールすることができた。

グローバル化が進むことで、貿易についての保護主義は成立しにくくなった。しかも、為替の変動や金融資本の流入や流出など、国家によってコントロールすることが難しい領域が広がってきた。以前は、中央銀行が介入することで、為替レートが過度に変動することを抑えることができたものの、すでにその方法は有効性を失っており、現実にはあまり実施されなくなってきた。

金融資本主義の傾向が強まるなかで、国際的なファンドの規制などが必要だとされても、有効な対策は講じられない。金融危機を通して投資を行っていた側に莫大な損失が生じたのは事実だが、だからといって、投資によって莫大な利益を得ようとする動きが消滅してしまったわけではない。市場を過熱させることで、バブルを生みだし、そこから利益を得て、すみやかに撤退するという方法によってしか、短期的に膨大な利益を得ることができない以上、これからも同じことがくり返されていくに違いない。投資する側は、今まで以上に用心深くはなるかもしれないが、いったんバブルが生まれれば、そこに投資せざるをえなくなるわけで、バブルの発生は不可避である。

ただ、神の見えざる手の働きを前提とした市場原理主義の主張は信憑性を失ってきた。規制緩和さえすれば、それで市場には自動的に調整機能が働くとする新自由主義の立場は成り立たなくなってきた。

あるいは、不況のときには財政出動が有効であるとするケインズ主義も、各国が深刻な財政赤字に苦しんでいる状況では、同じように有効性を失いつつある。

さらに、資本主義が行き詰まったところで、権力の移動が起こり、新しい世界が訪れるとするマルクス主義的な終末論も、冷戦構造が崩壊して以降は、顧みられなくなってきた。

こうした事態は、経済学に対する根本的な不信を生んでいく可能性がある。経済学が有効でないとすれば、それをもとに立案される経済政策も、現実的な効果を期待できない。そもそも、経済政策が有効なものだったのかどうか、経済の規模が大きく拡大し、茫漠とした現象になってきたなかでは、その検証はいっそう困難になっている。

果たして、この事態を乗り越えて、新たな経済学が提唱され、確立されるようになるのだろうか。その鍵は、一方では、無制限な利益の追求や投資を抑制する機能を果たすイスラム金融にあり、もう一方では、神の実在を前提としない神なき資本主義を育て上げてきた日本人の経済観に求められるのかもしれない。

世界的な広がりをもち、茫漠とした経済現象そのものをコントロールすることは困難であるにしても、具体的な経済活動の基盤となる組織のあり方を律していくことは、決して不可能ではない。これからも、そこには大波が押し寄せてくるかもしれない。一致団結して自分たちを守ろうとする組織なり、地域なりを作り上げていかなければ、個人の力だけでは大波に対抗できないのである。

あとがき

本書のタイトルを見た人のなかには、経済の世界に対するユダヤ人やフリーメーソンの謀略を指摘した陰謀物を想像する方もあるかもしれない。世の中にはそうした本があふれている。

しかし、本書は陰謀物とは根本的に異なっている。

欧米の人々の経済に対する物の見方のなかに、あるいはそれを理論化した経済学のなかにユダヤ・キリスト教の教義、神話、神観念が強い影響を与えているのを指摘することが本書の出発点である。その点はこれまで十分には指摘されてこなかった。

だが、金融恐慌のような危機的な事態が発生すると、ユダヤ・キリスト教の根本にある終末論がにわかに浮上し、危機をより深刻なものとして恐怖させる。その背景には、この世界を創造した絶対的な神への信仰があり、一方ではそれが、市場に対して「神の見えざる手」が働いているとする特異な経済思想を生み出してきた。一時は世界を席捲した市場原理主義も、そうした信仰の延長線上にある。

日本人もユダヤ・キリスト教について一定の知識をもっている。けれども、国内にユダヤ教徒がほとんどおらず、キリスト教徒も人口の1パーセント以下の少数派であるため、ユダヤ・キリスト教が欧米の社会にいかに絶大な影響を与えているかを理解できない。またそれが、どういった媒介を通して世代を超えて伝えられているか、それに思い至れない。

日本人は、明治以来、近代化をはかる上で、欧米の文物や制度を貪欲に取り入れた。ところが、その背景にあるユダヤ・キリスト教については、それと切り離し、積極的に受け入れようとはしてこなかった。その結果、ユダヤ・キリスト教の教えと意外なほど密接な関係をもつ欧米流の資本主義とは異なる、独自の資本主義体制を築き上げてきた。

まして、イスラム教については、国内にほとんど入っていないので、その根本を理解できない。以前には、経済活動にイスラム教は関係をもたなかったが、最近ではオイルマネーやイスラム金融の影響を無視できなくなっている。

宗教と経済は、さまざまな面で密接な関係をもっている。その点で、経済を理解するには、宗教について知らなければならない。とくにグローバル化、情報化が進むなかで、宗教もまた国境を超えて、世界に影響を与えている。そうした世界情勢の変化が、宗教学的な立場からの経済の分析や経済学思想の理解を必要とする状況を生んでいる。
最後に、日頃も経済学や経済のあり方についてディスカッションの相手になってくれ、本書の原稿にも目を通していただいた小幡績さんに感謝したい。また、こうした私にとっては大いなる挑戦となる機会を与えてくださった、文春新書編集部の衣川理花さんと編集部長の飯窪成幸さんに感謝したい。

２００９年10月26日

島田裕巳

島田裕巳（しまだ ひろみ）

1953年東京生まれ。宗教学者。東京大学大学院人文科学研究科博士課程満期退学（宗教学専攻）。現在、東京大学先端科学技術研究センター客員研究員を務める。著書に『創価学会』（新潮新書）、『日本の10大新宗教』（幻冬舎新書）、『資本主義2.0』（共著、講談社）など。

文春新書

727

金融恐慌《きんゆうきようこう》とユダヤ・キリスト教《きよう》

2009年（平成21年）12月20日　第1刷発行

著　者　　島田裕巳
発行者　　木俣正剛
発行所　株式会社　文藝春秋
〒102-8008　東京都千代田区紀尾井町3-23
電話（03）3265-1211（代表）

印刷所　　理想社
付物印刷　大日本印刷
製本所　　大口製本

ISBN978-4-16-660727-3

◆経済と企業

マネー敗戦　吉川元忠
情報エコノミー　吉川元忠
強欲資本主義 ウォール街の自爆　神谷秀樹
黒字亡国 対米黒字が日本経済を殺す　三國陽夫
ヘッジファンド　浜田和幸
石油の支配者　浜田和幸
金融工学、こんなに面白い　野口悠紀雄
金融商品取引法　渡辺喜美
投資信託を買う前に　伊藤雄一郎
定年後の8万時間に挑む　加藤　仁
人生後半戦のポートフォリオ　水木　楊
知的財産会計　二村隆章 岸　宣仁
サムライカード、世界へ　湯谷昇羊
霞が関埋蔵金男が明かす「お国の経済」　髙橋洋一
「証券化」がよく分かる　井出保夫
臆病者のための株入門　橘　玲

人生と投資の
企業危機管理　実戦論
企業再生とM&Aのすべて　藤原総一郎
企業コンプライアンス　後藤啓二
敵対的買収を生き抜く　津田倫男
自動車 合従連衡の世界　佐藤正明
ハイブリッド　木野龍逸
日本企業モラルハザード史　有森　隆
ちょいデキ!　青野慶久
熱湯経営　樋口武男
オンリーワンは創意である　町田勝彦
本田宗一郎と「昭和の男」たち　片山　修
「強い会社」を作る ホンダ連邦共和国の秘密　赤井邦彦
インド IT革命の驚異　榊原英資
ハリウッド・ビジネス　ミドリ・モール
中国経済 真の実力　森谷正規
「俺様国家」中国の大経済　山本一郎
情報革命バブルの崩壊　山本一郎

石油神話
エコノミストは信用できるか
悪徳商法　大山真人
コンサルタントの時代　鴨志田　晃
高度経済成長は復活できる　増田悦佐
日本経済の勝ち方 太陽エネルギー革命　村沢義久
デフレはなぜ怖いのか　原田　泰
都市の魅力学　原田　泰
団塊格差　三浦　展
ポスト消費社会のゆくえ　辻井　喬 上野千鶴子
いつでもクビ切り社会　森戸英幸

(2009.4) C

◆世界の国と歴史

民族の世界地図　21世紀研究会編
新・民族の世界地図　21世紀研究会編
地名の世界地図　21世紀研究会編
人名の世界地図　21世紀研究会編
常識の世界地図　21世紀研究会編
イスラームの世界地図　21世紀研究会編
色彩の世界地図　21世紀研究会編
食の世界地図　21世紀研究会編
法律の世界地図　21世紀研究会編
国旗・国家の世界地図　21世紀研究会編
ローマ人への20の質問　塩野七生
ローマ教皇とナチス　大澤武男
物語 古代エジプト人　松本 弥
物語 オランダ人　倉部 誠
物語 イギリス人　小林章夫
ドリトル先生の英国　南條竹則

＊

森と庭園の英国史　遠山茂樹
フランス7つの謎　小田中直樹
ロシア 闇と魂の国家　亀山郁夫 佐藤 優
パレスチナ　芝生瑞和
イスラーム世界の女性たち　白須英子
不思議の国サウジアラビア　竹下節子
ハワイ王朝最後の女王　猿谷 要

＊

空気と戦争　猪瀬直樹
戦争学　松村 劭
新・戦争学　松村 劭
名将たちの戦争学　松村 劭
ゲリラの戦争学　松村 劭
戦争の常識　鍛冶俊樹
戦争指揮官リンカーン　内田義雄
ミサイル不拡散　松本 太
二十世紀をどう見るか　野田宣雄

＊

歴史とはなにか　岡田英弘
歴史の作法　山内昌之
大統領とメディア　石澤靖治
セレブの現代史　海野 弘

（2009. 4）B

◆日本の歴史

日本神話の英雄たち　林　道義
日本神話の女神たち　林　道義
ユングでわかる日本神話　林　道義
古墳とヤマト政権　白石太一郎
一万年の天皇　上田　篤
謎の大王　継体天皇　水谷千秋
謎の豪族　蘇我氏　水谷千秋
女帝と譲位の古代史　水谷千秋
孝明天皇と「一会桑」　家近良樹
四代の天皇と女性たち　小田部雄次
対論　昭和天皇　原　武史・保阪正康
平成の天皇と皇室　高橋　紘
皇位継承　高橋　紘・所　功
美智子皇后と雅子妃　福田和也
ミッチー・ブーム　石田あゆう

＊

旧石器遺跡捏造　河合信和
消された政治家　菅原道真　平田耿二
江戸の都市計画　童門冬二
江戸のお白州　山本博文
徳川将軍家の結婚　山本博文
江戸城・大奥の秘密　安藤優一郎
幕末下級武士のリストラ戦記　安藤優一郎
旗本夫人が見た江戸のたそがれ　深沢秋男
伊勢詣と江戸の旅　金森敦子
甦る海上の道・日本と琉球　谷川健一
合戦の日本地図　武光　誠・合戦研究会
大名の日本地図　中嶋繁雄
名城の日本地図　西ヶ谷恭弘・日弉貞夫
県民性の日本地図　武光　誠
宗教の日本地図　武光　誠
倭　館　田代和生
高杉晋作　一坂太郎
白虎隊　中村彰彦
新選組紀行　中村彰彦・神長文夫

＊

岩倉使節団という冒険　泉　三郎
福沢諭吉の真実　平山　洋
元老　西園寺公望　伊藤之雄
渋沢家三代　佐野眞一
明治のサムライ　太田尚樹
日露戦争　勝利のあとの誤算　黒岩比佐子
鎮魂　吉田満とその時代　粕谷一希
大正デモグラフィ　速水　融・小嶋美代子
旧制高校物語　秦　郁彦
日本を滅ぼした国防方針　黒野　耐
ハル・ノートを書いた男　須藤眞志
日本のいちばん長い夏　半藤一利編
昭和陸海軍の失敗　半藤一利・秦郁彦・平間洋一・保阪正康・黒野耐・戸高一成・戸部良一・福田和也
昭和史の論点　坂本多加雄・秦郁彦・半藤一利・保阪正康
昭和史の怪物たち　畠山　武
昭和の名将と愚将　半藤一利・保阪正康

（2009. 4）A